黎乙真大阿闍梨年譜

鄧家宙 編著

黎乙真大阿闍梨年譜

鄧家宙——編著

責任編輯 許穎
裝幀設計 簡雋盈
排版 楊舜君
印務 劉漢舉

出版 中華書局（香港）有限公司
香港北角英皇道 499 號北角工業大廈一樓 B
電話：（852）2137 2338　傳真：（852）2713 8202
電子郵件：info@chunghwabook.com.hk
網址：http://www.chunghwabook.com.hk

發行 香港聯合書刊物流有限公司
香港新界荃灣德士古道 220-248 號
荃灣工業中心 16 樓
電話：（852）2150 2100　傳真：（852）2407 3062
電子郵件：info@suplogistics.com.hk

印刷 美雅印刷製本有限公司
香港觀塘榮業街六號海濱工業大廈四樓 A 室

版次 2021 年 12 月初版

規格 16 開（255mm×155mm）

ISBN 978-988-8760-53-4

西安大興善寺、青龍寺方丈寬旭法師題字

◆ 黎乙真大阿闍梨祖師像（推斷為 1930 年作品）

◆ 張圓明阿闍梨祖師像（推斷為 1930 年作品）

◆ 黎大阿闍梨青年照（約 1900 年代）

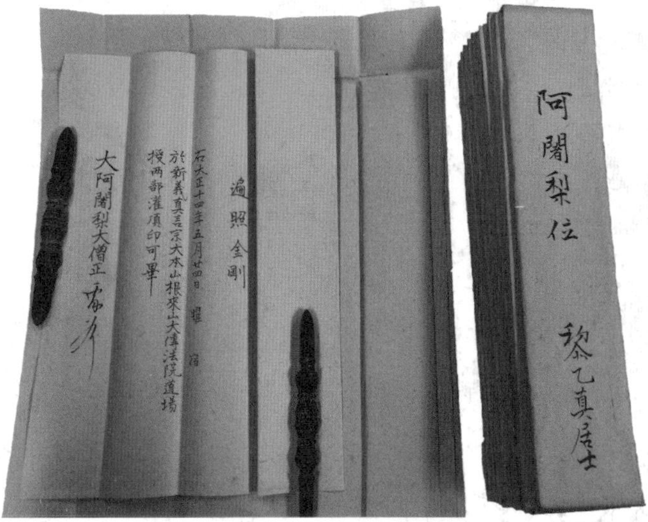

◆ 真言宗大傳法院流〈一流傳授〉印可（證書）全套

◆ 權田雷斧大僧正親授之袈裟（右邊）

◆ 黎大阿闍梨法照

晚年黎大阿闍梨在大坑光明臺花園

目錄

香港佛教真言宗居士林序……一二
編者序……一六
凡例……二三
黎大阿闍梨生平概略……二五
黎乙真大阿闍梨年譜……二九
黎大阿闍梨著作……二三三
編後語……二三八
參考資料……二四五
編者簡介……二四八

香港佛教真言宗居士林序

黎乙真大阿闍梨祖師，一八七一年十一月十七日（辛未十月初五）生於香港，幼懷貞敏，宿具佛緣，十歲返廣州就學，十三歲求學《大悲咒》，又習《瑜伽施食儀軌》；十八歲迎娶張祖師並繼承父業，勤勞經營，廣結賢人雅士。

張圓明大阿闍梨祖師，一八七二年三月十二日（壬申二月初四）生於澳門，生而淑慎，動合儀則，十七歲因嬪黎祖師而聞佛法，內持家有道，外助黎祖師處理業務，井然有序。

兩祖師對社會公益、教育、保良扶幼等慈善事業，當仁不讓，尤對佛教事業更不遺餘力，財、法布施遍及省港澳等地。

一九二零年創辦圓明精舍，修持及宣揚淨土，後讀大藏經密教部，嘆此殊勝妙法，惜國內失傳千載，遂萌弘揚密教之宏願，求得真言宗巨匠權田雷斧大僧正尊像，在家供養，祈真言密法早日歸華；一九二三年夏天，張祖師更為此上表及閉關三月。

翌年、真言宗豊山派權田雷斧猊下，率布教團往潮州弘法，黎祖師赴汕頭懇請猊下及僧團蒞港，在一九二四年六月二十一日，與張祖師、張蓮覺、林楞真等受「受明灌頂」，因此播下真言密教在香港傳持百年基業的種子。

一九二五年三月權田猊下來函，召令黎祖師五月赴日，授予「四度加行」、「一流傳授」及「傳法灌頂」，繼詔大傳法院流四十九代傳燈大阿闍梨之職，並親書印可張祖師為阿闍梨交付黎祖師。

一九二六年二月黎祖師成立香港佛教真言宗居士林，開展振興密教之事業，一九二八年得紳商胡禧堂、蔡功譜發心護持，遂在大坑道光明臺九號購地設置永久弘法道場，同時張祖師亦決心建設女眾研修之地，在一九三零年中，在毗鄰購地正式成立女居士林；兩祖多次舉辦胎金灌頂，傳授法儀，講解義理，事理兼備，闡揚三密。

黎祖師利生弘法四十年，一九三七年三月一日示寂。張祖師一力肩負護持兩林重責，歷時十載，一九四八年一月九日往生密嚴淨土。

兩祖師檀施篳路啟雙林，化家門為道場，歷時近百寒暑。今秋及明年春適逢兩祖師降生一百五十年，擬編書刊以為紀念。猶豫之際，蒙西安祖庭大興善寺及青龍寺方丈，上寬下旭大和尚慈悲，惠賜題字以鼓勵，又蒙香港史學會執行總監、資深佛學導師及大學講師，佛學史專家鄧家宙博士百忙之中，應允執筆主編兩祖師年譜，遂組成工作小組，眾人齊心處理。過程中排除人事等各種困難，又發掘出無數珍寶，深刻體會兩祖師之菩提大願，心懷感恩與讚嘆，亦堅固對兩居士林之歸屬。小組成員中李科仁、卓泳佟及冼芷君三位，額外用心，出力尤多，加之在鄧博士悉心指導下，努力學習，三位默默耕耘，所付時間心力匪淺，深信與本人一樣，定獲益良多。工作小組各位成員歷時十月，輯成年譜，本人雀躍之餘，謹此向上寬下旭大和尚、鄧博士、工作小組及兩林諸君致以衷心感謝。期待兩林林友、同學善閱《年譜》，用心細讀，追緬兩祖師求法之決心與弘法之艱辛，想亦可彌補對兩祖師及兩居士林之認知，進而察知承傳之恩與傳承之責任。是所至盼。

香港佛教真言宗居士林
歐陽寶都謹識
二零二一年十一月二十八日

編者序

天竺密宗，自開元三大士入唐弘法，傳持金胎曼陀，深受皇室信奉，諸位大阿闍梨皆奉為國師。時有日本遣唐學僧空海大師來華，入長安青龍寺，從學惠果阿闍梨，習得兩部大法，為付法第八祖。後武宗滅佛，中土密燈焰熄，漸更失傳。而在日本，自大師回國弘化，建立真言宗，闡揚密法，下開眾多流派，世代弗替。而以其地理位置，稱曰東密。

及至清末民初，我國佛教徒以東瀛傳持完整密法，先後前赴求法者不少。與此同時，真言宗巨匠權田雷斧大僧正發願將密法反哺中華，更親到潮州、香港及臺北攝受漢人弟子，建立輪壇，重興密教。然而好事多磨，自密教回傳中土，即引發佛教界對顯、密教義及僧俗身份之紛爭，繼而遇上戰亂，真言宗僅得短暫流播，各支道場亦相繼停頓。但以因緣不可思議，時在香港，有弟子黎乙真、張圓明夫婦大德，傾盡家財心力，化家庭為道場，先後在港島鬧市成立真言宗居士林及真言宗女居士林，分頭應化。此蓋當時東密在中國之唯一繼承也。

考乙真大阿闍梨，乃本港著名攝影師黎芳公之哲嗣，子承父業，掌理華芳映相樓及家族產業，善舞長袖，與省港澳之官商名流皆有往來，頗負時譽。夫人張圓明氏，淑慎賢良，內則善持家計，侍奉翁姑，外則協理商務，運籌決算。夫婦二人，夙具佛緣，早歲已茹素念佛，聞經習法，更創設精舍清修淨業。積有餘資，則創辦佛教職業女學校並各種善業，興學濟世，造福人群。及至中年，閱藏經至密教部，乃決心習密。時至一九二四年，得權田大僧正攝受為弟子，翌年授予一流傳授灌頂及傳法灌頂，更親授所穿袈裟，叮囑返華大弘密教，是為首位獲豊山派傳燈大位之華籍居士。大僧正又同時許可張圓明晉職阿闍梨位，亦首位華人女修士獲此殊榮。此香港真言宗法輪之初轉也。

至於二師所創立之真言宗居士林，在現代中國佛教傳播史上，極為獨特，自有重要地位，實未可以一般佛教組織視之。一者、民初正值新舊社會交替之摸索時期，不獨政制爭議，傳統思想亦備受衝擊，儒釋道均被視為迷信落後，加上廟產興學政策衝擊，佛教已瀕沒落之勢；二者、密教義理別樹一幟，見解行持迥異於顯宗，此所以密法甫回漢地，旋即引起教理紛爭。加上密教上師不設僧俗男女之限，顯宗對白衣授戒傳法，無不責難。更甚者，抗戰事起，教內教外以密法由日本回傳，乃群起而抗拒排斥之。在此背景下，黎、張兩大德在香港以居士身份弘揚密法，在面對同樣困阻時，卻走出一條獨特發展之路，不能不令人深思。蓋二十世紀初，香港華商崛起，藉社會地位提升帶動都市佛教事業之勃興，而香港受現代思潮影響，對女性地位與社會功能有較積極的態度，而內地與香港社會之間對宗教傳播的政策與行動的明顯分別，正正在此凸顯。此香港真言宗之獨特意義也。

昔黎師登壇演教，廣譯經論，編著儀軌逾七十種，著作等身。又舉辦佛化婚禮、佛教火葬及籌建佛教墳場，均是劃時代之創舉。張師則以女師身份導眾，輔行教化，行前人所未行，尤其於戰時戰後，督導方向，勉力維持，備極賢勞。而自黎師伉儷在港建立香港佛教真言宗居士林及女居士林，百載基業，傳承不斷，乃目下中國境內最悠久之真言宗道場。此黎、張兩大德之行誼，於現代中日佛教交流史、中國密教史及香港佛教史，均有巨大歷史意義及重要影響，自非過言。

時至二零二一年，香港佛教真言宗居士林興議編輯書刊，以紀念黎、張兩祖師一百五十冥壽，緬懷創林祖師深恩盛德，意義深也。蒙主席歐陽大阿闍梨垂詢意見，考量兩位祖師應化事跡久遠，一時或未及編撰傳記，乃念兩林創立近百年，保存各種書札手稿並珍貴文物，允稱寶庫，故提議整理兩祖遺物，逐一考訂緣由，按年編排，輯成年譜，欲藉信實史料，重構先賢事跡之輪廓，想亦不失其初心也。辱承大阿闍梨信任，委以主編重責，擔當《黎乙真大阿闍梨年譜．張圓明阿闍梨年譜》之主筆，十個月來，僅憑愚誠，勉為其事，惟囿於學力淺薄，儘管歇心盡力，不足之處實多，還望諸山大德、四海善知識，不吝指正。

本書採編年體式，敘而不論，取其就史事之先後次序，清楚明白，易於閱覽。而作為香港佛教之重要史料，實具四重價值：

一、如實記述兩位大德生平，呈現密教回傳及在粵港流佈的歷史，以及香港居士佛教之實況；

二、大量引錄當事人之書信手稿等第一手史料，開闢密教史研究的嶄新線索與視點；

三、由弘密宗師親身解讀真言宗之基礎信行，不失為密教之入門讀本。

四、本書作為冥壽紀念，非徒供信徒懷德追遠，亦欲使今日佛教中人知前賢之艱辛，反省自勵。

此外，兩位祖師作風沉厚，思慮周詳，行文清雅之餘，又每多含蓄隱晦，讀者須對照當時社會情勢與佛教風氣，反覆細味，自能領悟箇中含意。如是種種，幸望諸君多所關注，用心體會，則吾等一眾編者之勞苦，足告慰矣。

本書編寫期間，得歐陽大阿闍梨惠予種種便利，陪同參閱檔案文物，遇有疑難，即時賜予指導，啟發搜史線索，謹致由衷謝忱。與此同時，自本年三月起，編輯小組各林友每週協助處理大量文書工作，由文獻編檔、復修整理、打字影印、校對改錯等，仰賴各位日以繼夜趕工，本書始得順利付印，本書雖以余領銜整編，實亦祖師加持并諸君同心戮力，排除眾難之成果，功不唐捐，在此一併致謝。

這數月以來，得覽閱海量之珍貴文獻，大增眼界之餘，眾皆驚嘆兩位祖師殫精竭力，振興密教，普潤眾生之用心與毅力。今值本書出版因緣，居士林正構思舉辦展覽會及結集部份佛學書稿，宣揚密教意趣，彰顯先賢盛德。就在二零二六年，即香港佛教真言宗居士林創建百年大慶之期，仝寅亦正籌備相關慶典及發行紀念書刊，縷述百年滄桑。這將是另一項浩瀚艱辛又令人翹首期待的工程。尚期佛慈多佑，諸君善友，鼎力護持，共將各項計劃以底於成。是為序。

鄧家宙敬識

二零二一年冬至

凡例

（一）本書定名為《黎乙真大阿闍梨年譜》，依編年體式編輯，重構大德生平史實，既存先輩之功業，亦供後世之景仰。

（二）凡與譜主相關之資料皆盡力搜羅整輯。直接反映其生平事跡者，即行編入。其他有助參考之文獻則酌情擷錄。倘該資料無確切日期，或未克查證者，暫擱從略，免失真實。

（三）為便閱讀，全書以公曆年月排序，附記農曆歲次；譜主年歲亦以實齡計算；引文所記多為農曆年月，亦已盡力查考公曆日期，免卻曆法對照之誤。

（四）本書所錄主要擷自譜主書札、手稿、遺物等，均經其他資料反覆引證，始行編入，信而有徵。

（五）全書以正體字為準；原文中各種異體、別體等，盡力照原文錄出。除受現代字庫所限者外，遇假借字等概不改動，以保留原狀風貌，俾便讀者賞析大德言行。

〈六〉原文中錯、訛等字，編者略予修正；遇有殘漶不清，無法辨識之字，以□號表示；遇有請讀者垂注者，則於文後下案語表出。

〈七〉原文中之尊稱空格，悉數保留。惟囿於篇幅，原文中因美觀整齊而留白之處，則酌情處理。

〈八〉全書均採用新式標點，以求利便閱讀。凡書籍、文章等專名，標以書名號；引文、引語，則標以引號；而人名、地名，均不標號。

黎大阿闍梨生平概略

家庭

大阿闍梨，諱乙真，姓黎氏。前清同治十年生於香港。祖籍廣東端州高明人士，坊間傳雲台山人士實屬誤記。父澤田公，別諱芳，避洪楊劫亂徙居香港，以攝影為業，自設華芳影相館，技藝飲譽中外，有聲於時。母氏何太人，悉心照料，至師十歲，偕回廣州就學，三年而棄養。年十八，迎娶澳門張圓明小姐。翌年，慈父見背，得承繼家業，投身社會，善舞長袖，常與官紳名流酬酢，亦頗負時譽。妾李氏，生長子瑞熙、女瑞馨，皆早殤。

名諱

師諱乙真，以名行世。取意《六祖壇經》「一真一切真」之意，甫自一九一零年代常署「一真居士」，此後別署及印款甚多，可考者如後：

黎乙真　乙真　乙居士　乙真居士　香港乙真居士

黎一真　一居士　一真氏　一真居士

淨業學人黎一真　淨業學人一真氏

真言密教傳法使者乙真阿闍梨　乙阿闍梨　阿闍梨乙真

金剛乘末資乙真居士

民國乙居士　民國端州居士　學人乙真居士

宗教

初以母氏謝世，求廣州海福寺僧傳授《大悲咒》，得啟法緣。稍長而探求內典，修習《瑜伽焰口》，以法利濟人天。師又組織佛社，資修淨業，行有餘力則興辦教育與救濟事業，嘗於馬棚火難醮會，代表青山禪院登壇施法，超薦先靈。一九二零年代，研閱藏經至密教部，驚訝密法之殊妙，慨嘆漢土之無緣，乃發心懇求密法歸華。精誠有應，一九二四年迎請大和真言宗權田雷斧大僧正來港開壇，傳授兩部灌頂。翌年接大僧正召令赴日領受一流傳授及傳法灌頂，繼紹大傳法院流大阿闍梨耶之職，肩負振興真言密教之重責。一九二六年初創辦香港佛教真言宗居士林，越四年協助創立女居士林，奠豎根基，宗風大闡，港粵信徒入壇求法者，絡繹不絕。

著作

師修為深湛，理事兼通。自不惑之齡編撰佛書，今錄得著作七十餘種（書目詳見年譜後），涵蓋佛學論著四種、密乘教相九種、密教儀軌逾六十種，均為稀有難得之佛學著作。另撰有奉佛表文、婚喪講辭、聯額題序等更是不勝枚舉。

法眷

自創立香港佛教真言宗居士林以來，先後舉行胎藏界灌頂六次、金剛界灌頂三次，入壇弟子三百餘人，遍於內地與香港各地。結緣弟子三千餘人。傳阿闍梨位弟子有梁濟恭、歐陽藻裳、趙見機三人。入室弟子有陳煒樞、黃壽團、何伯熙、盧祖炳、黃繩曾、鄺明、麥錦麟、胡隋齋等。

鄧家宙

黎乙真大阿闍梨年譜

一八七一年辛未歲　出生

辛未年十月初五日。誕生於香港。先祖祖籍粵西肇慶高明，父澤田公（又名黎芳），同治年間避居香港。一八六零年在中環創立「華芳映相」，又從事商業，頗有時譽。

一八七二年壬申歲　一歲

一八七三年癸酉歲　二歲

一八七四年甲戌歲　三歲

一八七五年乙亥歲　四歲

一八七六年丙子歲　五歲

一八七七年丁丑歲　六歲

一八七八年戊寅歲　七歲

一八七九年己卯歲　八歲

一八八零年庚辰歲　九歲

一八八一年辛巳歲　十歲

返廣州就學生活。

一八八二年壬午歲　十一歲

一八八三年癸未歲　十二歲

一八八四年甲申歲　十三歲

二月十一日，農曆正月十五日。母氏何太夫人往生日。喪居期間，因聞梵唄聲而心生嚮往。於廣州海福寺求學《大悲咒》，初結法緣。

其時習科舉兩年，繼轉習佛學，及《瑜伽施食儀軌》。能登小座為之加持。

◆ 黎芳（澤田）公及何太夫人油畫

一八八五年乙酉歲　十四歲

一八八六年丙戌歲　十五歲

一八八七年丁亥歲　十六歲

一八八八年戊子歲　十七歲

一八八九年己丑歲　十八歲

是年。迎娶澳門張圓明小姐。

一八九零年庚寅歲　十九歲

四月十九日，農曆三月初一日。父親澤田公於香港往生。得繼承父業，從事商業，掌理華芳映相及產業。

一八九一年辛卯歲　二十歲

一八九二年壬辰歲　二十一歲

秋。澳門倡辦同善堂，師出任首屆值事。

一八九三年癸巳歲　二十二歲

時有外籍人來函請求教授攝影技術。

一八九四年甲午歲　二十三歲

省港爆發鼠疫，死傷嚴重。於東莞石龍鎮協理明善堂，在省城週邊施醫藥棺衾，沿途誦經超幽渡亡。

一八九五年乙未歲　二十四歲

協助廣州城西泮涌觀音橋坊建醮七晝夜。

一八九六年丙申歲　二十五歲

一八九七年丁酉歲　二十六歲

一八九八年戊戌歲　二十七歲

一八九九年己亥歲　二十八歲

一九零零年庚子歲　二十九歲

從鐵禪和尚購入廣州六榕寺所屬番禺芳村新園果園。

一九零一年辛丑歲　三十歲

一九零二年壬寅歲　三十一歲

七月六日。香港華民政務司公佈指定「華芳映相」為官方認可拍攝證件照片之映樓。

一九零三年癸卯歲　三十二歲

五月。購入九龍城六二六二地段。及後再增購週邊四個地段，營造華芳園。以備日後

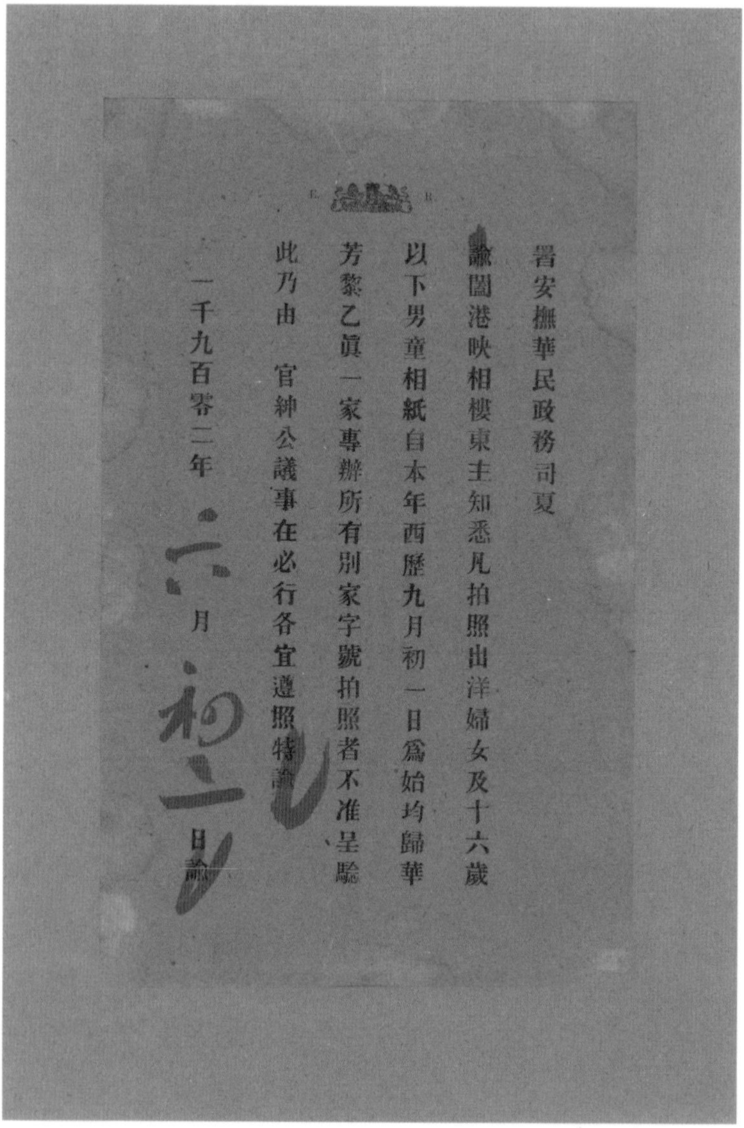
E R

署安撫華民政務司夏
諭闔港映相樓東主知悉凡拍照由洋婦女及十六歲
以下男童相紙自本年西歷九月初一日為始均歸華
芳黎乙眞一家專辦所有別家字號拍照者不准呈驗
此乃由　官紳公議事在必行各宜遵照特諭
一千九百零二年　六　月　初二　日諭

◆ 香港政府公告 華芳映相樓為官方認可專辦證件相寶號

弘法之用。

是年，收養曾氏姊妹二人為養女，免致流落街頭。自後悉心教養，視如己出。

一九零四年甲辰歲　三十三歲

一九零五年乙巳歲　三十四歲

一九零六年丙午歲　三十五歲

一九零七年丁未歲　三十六歲

一九零八年戊申歲　三十七歲

夏天。廣東三江水災，傷亡慘寂。師聯同名流胡翼南、羅天衢、陸耀池、梁龍章、李隱君、黃秋畦、劉籍生諸君題詩籌賑。師義獻詩文兩首：「朝隱已無天上客，山居不作華陽仙，間將塵垢陶堯舜，灰裡陰何見此編。」及「三教珠英嗤李嶠，六經奴婢笑康成，涵天自樹千秋葉，括地應聞萬歲聲。」

一九零九年己酉歲　三十八歲

一九一零年庚戌歲　三十九歲

十二月十日。捐助東華醫院，獲院方贈送證書表揚。

一九一一年辛亥歲　四十歲

秋。與佛友同道組織佛教宗乘聯濟會，並與夫人張圓明等於港島創辦佛教職業女學校，開創香港佛教人士開辦義務學校之先河。

一九一二年壬子歲　四十一歲

一九一三年癸丑歲　四十二歲

前清周廷榦太史拜訪，題贈「崇蘭修竹為知己；流水清風亦可人。」聯額。

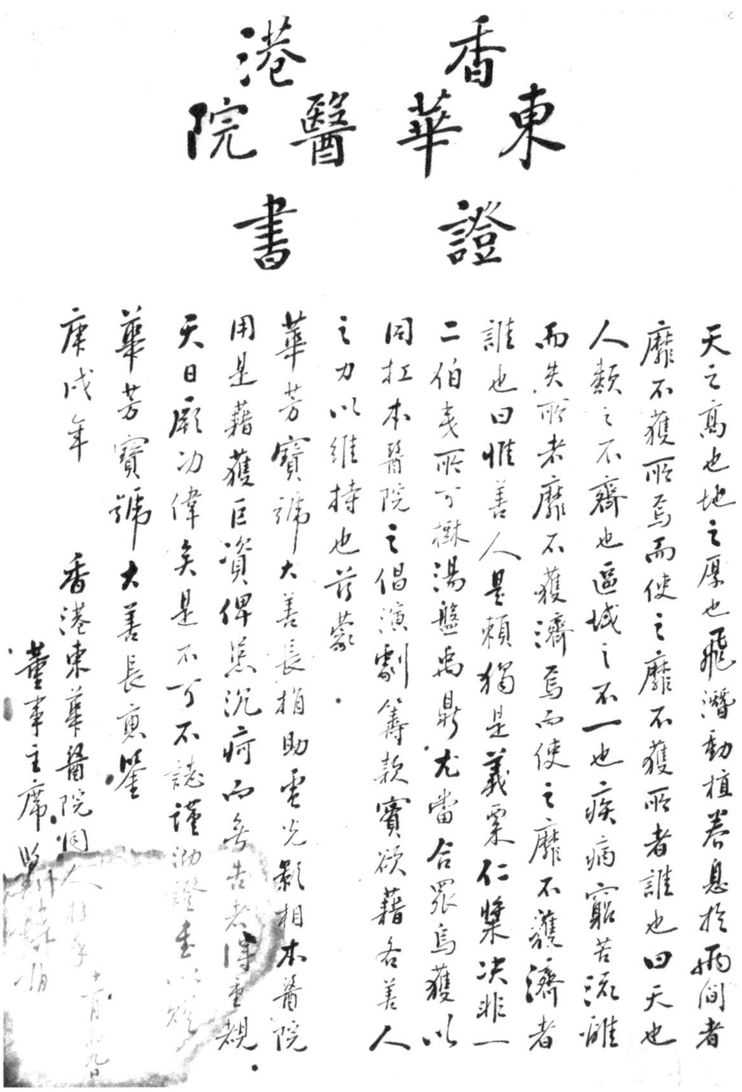

香港東華醫院

證書

天之高也地之厚也飛潛動植眷息於兩間者靡不獲所焉而使之靡不獲所者誰也曰天也人類之不齊也區域之不一也疾病窮苦流離而失所者靡不獲濟焉而使之靡不獲濟者誰也曰惟善人是賴獨是義粟仁漿決非一二伯者所可挽湯鹽焉彰尤當合眾焉獲以同扛本醫院之倡演劇籌款實欲藉各善人之力以維持也茲蒙

華芳寶號大善長捐助雲光劇相本醫院用是藉獲巨資俾患沉疴而無告者得重覩

天日厥功偉矣是不可不誌謹泐證書以彰

華芳寶號大善長惠鑒

香港東華醫院同人拜手

董事主席

庚戌年

◆ 香港東華醫院表揚證書

夏。結識吳道鎔太史，獲題詩：「天風吹水，大陸沈沈，龍泉大阿，汝知我心。我心何悲亦何喜，孽海任瀾翻。我心誓不起，我現女郎身。世乃無男子，風塵論俠不稱意，三尺寒芒收篋底，青磬蒲團從此始。」

同年十月。將吳太史題詩託請畫師關超卉繪成《參禪圖》，並提誌「風塵擾擾，大陸沈沈。干戈之止息可期，而慾壑之取盈難滿。好名者功成而不退，管利者貪得而無厭。夫已成之名利、本如過眼空花；而未了之年華、應悟浮生若夢。顧知三毒、難覺群迷。紛爭蠻觸、方據角以自豪；到死蠶絲、遂自纏而不解。生起微塵之念，頓忘朝露之身。一憶時諺云：「恩仇快後參禪去、依舊風霜雪月恣。」可為知進而不知退者，作一當頭棒喝也。

乙真先生、湛深禪理，出紙索畫，感成此圖。非敢云大善知識，亦聊博一點首云尔。弟蕙農關超卉寫于香海愉園之華芳画廔，旹癸丑小陽月之前二日。」

和應。

［按：一九二二年，以此圖展示吳太史，若有所感，太史筆錄當年詩句并題誌留念。］

一九一四年甲寅歲　四十三歲

七月。潮汕海派畫家周維屏先生旅寓香港，贈送花鳥畫兩幅予師。

八月一日。為胡翼南先生所撰〈靈魂不死〉作序：

〈靈魂不死序〉

逍遙遊客胡翼南先生近著〈靈魂不死〉一篇，讀者翕然稱善，以為雖賈生對漢文皇帝席前之問，未必能有此也。予則謂：「自培根現像真像之說出，而格致化學之功進；自奈端攝力重力之說出，而天文地理之學精。是篇以上帝為大靈魂，此說一出，吾知天、人、神、鬼之真情。數千年來，惝怳迷離者，今則確乎其可覩矣！」是篇也，以景教論，無非基督登山告眾之心；以佛法論，全是祖師乘筏西來之意；而孔曰成仁、孟曰取義，得此然後根據昭然，絕無勉強也。顧此篇作於何君沃生出殯之日，則不能無說。初，何君自英國回，與先生談當世之務，如鍼芥相投。先生天懷恬淡，不慕世榮，然悲憫之心常欲得幹濟之才而作司馬徽之薦士，乃著書，冠以何君之名，以動當道之聽。所著者：〈曾論書後〉（即〈曾襲侯《支那先睡後醒論》書後〉）、〈新政論議〉、〈新政始基〉、〈康說書後〉、〈新政安行〉、〈勸學篇書後〉、〈新政變通〉，並前、後總序，合為一編。凡八編，共二十七萬餘言。區君鳳墀為之校印，統名《新政真詮》，英君斂之復刊於滬上。港滬翻版，凡數次。首二編，乃兩君商搉而成，餘皆先生自著。蓋本大同之主義，而揭立憲之精神者也。日本〈東邦協會報〉其司評議之職者，多為國會議員，深愛此書，每出一編，譯為日文，且題〈康說書後〉曰「支那革新第一義」，其傾倒可知矣。〈曾論書後〉初刊時，張之洞總督兩廣，殷勤致聘，何君不欲為幕府私人，故不往。及〈新政論議〉之刻也，恭邸愛才，虛左以待，會某國公使沮之，事遂中止。自是而後，大吏屢招之，何君皆不往，雖往亦旋即告退，未及一試而回。惟殫精竭慮於本港公務，為定例局員者凡二十有四年，事無大小，戒絕輕心，辨析毫芒，不遺餘力。其於政體也，福民利國，公爾忘私。其於羣情也，抉賾發矇，愛人以德。創建雅麗氏醫院，壽世之士莘莘；

贊襄香港大學堂，備用之才濟濟。出殯之日，官商士女臨穴者，雲集駢臻。先生顧而悅之，嘆曰：黃封九錫，原非文章道德之光；青史千年，纔是志士仁人之壽。乃歸而為此篇焉。予於兩先生道義之交，知之最稔，亟輯印之，并誌其梗概如右。時一千九百十有四年即中華民國三年八月一真居士黎乙真謹序。

一九一五年乙卯歲　四十四歲

是年。向新界理民府投地購置青山地段。

十月一日。為胡翼南先生輯印之《金剛般若馭世經》撰序：

〈輯印金剛般若馭世經序〉

心外無法，祖師所以示即法之心；法外無心，大士所以闡即心之法。特傳佛命，覺彼迷情，斷未有能弘佛語而不深契佛心，亦未有既悟佛心而仍不能妙達佛語者也。逍遙先生，少年慕道，擷三教之珠英；長歲修行，斬六根之毛賊。士徵四妙，亭築三休。笑范子真之墜溷飄茵，異陶元亮之攢眉入社。凡心學之書，多所研究。其未達之也，必求其通。其既通之也，必求其用。其欲用之也，必多方考證，擇其屢試屢驗者，然後筆之於書，以為法則。觀其《新政真詮》前、後兩總序，三萬四千餘言，諄諄以言，必求驗為辭，可謂既詳且盡矣！生平以大同為主義，數十年來，立說著書，未嘗或變其宗旨，蓋所言皆平理近情、順道公量，絕無流弊故也。政界如此，教界亦然。先生於釋迦教，嘗自比於維摩淨名；於基督教，則自擬於托爾斯泰。謂佛、景二教，均足以措天下於和平。而二子者，雖非教宗之徒，乃一則以身示疾而救眾生，一則以勿敵惡（Resist not evil）而開天國；言之親切有味，未有過於二子者也。先生於景教之理，未有發揮。而佛教則當取《華嚴》、《圓覺》、《維摩》、《楞迦》四經，以佛理與哲理，兩兩比較，為《佛理哲學》四卷，凡十餘萬言。每出一篇，輒與不佞印證，以示無偏，則以不佞之寢饋於佛氏諸大經者蓋三十有餘年矣。以非急務，故不付梓。〔先生所譯英文《萬國公法律》及《律例》等書，前後積成卷帙凡二百餘萬言，皆不刊印，謂此等書不能進世界於大同也。〕今《金剛般若馭世》一經，為挽救眼前時局起見，又值辯香女士之請，誠有慨夫其言之也。不佞之輯印之者，感情亦正相同。夫佛於大寂定中，隨其迷妄，為轉法輪，依處依緣，多立名字，謂之華嚴、法華，謂之楞嚴、圓覺，至菩提涅槃、真如般若、正法眼藏、涅槃妙心等，名常異而體常同。合而觀之，其意不過欲諸眾生自悟性真，超越生死之苦耳。是以凡學佛者，無不以「生死事大」、「無常迅速」為言，及叩其所以，則又茫然無以應也。至如世有問「生從何處來？」便道「水流原在海」；「死向何處去？」遽謂「月落不離天」。此等見解，佛門之所謂「喫鐵棒」、「陷鐵圍」之張本，亦復誰不能道？不知佛所謂生死者，以迷妄入心，積集倒見。《圓覺》喻之，如四方易處，迷妄在眼，不惟所見之色是生死，即以色付空，亦是生死。迷妄在耳，不惟所聞之聲是生死，即離聲歸寂，亦是生死。以至意緣善惡，不惟惡是生死，善亦未嘗不是生死。積為念慮，不惟動念是生死，至於息念亦是生死。以緣配之，不惟染緣是生死，其淨緣亦是生死。以覺論之，不惟不覺是生死，其起念即覺亦是生死。仰而觀之之謂天，俯而視之之謂地，廣而窺之之謂法界，大而量之之謂虛空。出之於見，皆生死也。觀諸古德之論生死，可謂深切著明、沈雄透闢矣！然其使人終不能洞然明白者，轉在於此，何則？如來悉知悉見，諸眾生有生死之患者，為其不能平等自由耳；使人人皆能平等自由，何患之有？夫人生前有善惡邪正之不同，則死後之平等自由必不能以一律，亦可言而喻。然而昔人詩云：「百年誰暇為身後，萬事難堪是眼前。」逍遙先生常欲抉出佛心，以為世用，於佛書得梵檀之法。梵檀者，抵制也，乃為此《金剛般若駁世經》。謂凡有害及我之平等自由者，皆示之以梵檀惡心，自然降伏。以消極之道，為調御五濁惡世之方，使入世出世之平等自由，融作一團，不致打斷，橛是誠入佛之方針，而亦葆身之命火也。是篇之作，出圓通大士於香江洞裏，修如意輪期於華藏海中。梵音轟大地之雷，香風奏四天之樂。一大藏教，隨機運轉；百般善行，任意裁成。三千年顯此民權，萬億劫永除專制。用扶大雅，恭綴小言。中華民國四年十月一真居士黎乙真和南序

一九一六年丙辰歲　四十五歲

二月八日。經紳商李瑞琴引介結識陳伯陶、張魯齋等文士。陳太史作〈丙辰正月六日與李君瑞琴張君魯齋闇公智公同遊沙田李君為言黎悅真居士擬築靜室山中悼古傷今慨然有作〉留念，詩云：「昔聞陶靖節，歸休樂斜川，發春朋簪集，邀我遊沙田。沙田在何許，涉行窮海邊，翠巘亙西東，中有陌與阡，草屋枕荒麓，稻畦瀉清

泉，亭亭望夫石，矗立南山巔。夫君不可見，淚目窮幽燕，我如老客婦，中情慨蘭荃，念茲石不轉，守節師前賢。

周室昔代殷，溥天皆王土，食薇不食粟，夷叔節空苦。沙田本租界，要約載盟府，九十九年中。聖清尚為主，南服橫鱷鯨，中原鬭豺虎，尺地無乾淨，何方覓安堵，黃冠不歸里，烏瞻此焉取，生當葺重茅，死當穴宿莽。黎子齋繡佛，度地築茅菴，逶迤深谷間，樹石侵雲嵐，緬懷曹洞宗，衣鉢走嶺南，天然祖心輩，花葉傳經函。當時王陳屈（謂說作喬生獨漉翁山），雷峯相聚談，國破圖自全，洗心面瞿曇。居士豈有意，遺民夙所諳，寒泉薦秋菊，配食應同龕。靈運冀生天，我懶安敢貪，庶幾白蓮社，斗酒容沈酣。」

八月六日，農曆七月初八日。本港書畫名仕於愉園拈花館作書畫雅集，師特為此會到場攝影留念，獲傅蒲僊、伍懿莊、潘景吾、關蕙農、宋順之等十一位畫家合繪〈群花圖〉答謝。

一九一七年丁巳歲　四十六歲

協助陳春亭居士招募巨資，購建屯門青山禪院，歷三年完成。期間悉心打理建築、法務各項事宜，訂定《本山規約》及常年行事。又代延請監院等。

一九一八年戊午歲　四十七歲

春。青山禪院大雄寶殿落成，協理院務。

本年二月，馬棚發生大火難，死者逾六百人，震驚社會。紳商何棣生發起首次馬棚建醮超幽法會七天，延請青山禪院承辦主法。師率領青山禪院、佛教聯濟會、佛教職業女學校及各法友打點醮務，又為各壇場撰輓聯。

之妙境泉聲清徹滌除俗慮之塵勞且也杯渡靈岩早卓神僧之錫高山第一曾留韓愈之題乃古招提是真福地同人等藉茲名勝闢作道場為修心繕性之區作濟世行慈之所本山主持陳居士慨然以建設為己任變賣私產大捨資財於是鳩工庀材崇新院宇建佛殿起禪室僧寮堂規模粗備惟是大廈非一木之能成獨善不如兼善之善及是以宏開善域會啟龍華緣結萬人聚金成塔所望十方善信法侶宗徒施金布滿於祇園功德莊嚴於佛地將見行善得福布施功德護報無窮善業名山

共垂不朽者矣尚有崇德報功章程數則開列於後樂助君子幸垂察焉

一擬廣結萬人勝緣每人一份每份助銀一元以一人而占多份者更妙所集資本以一半重修本山院宇及建築檀越殿一間並為種樹整路等費餘資存貯生息以作種種公益之用

一每一人做五十份捐資五十元者在本山檀越殿內供奉長生祿位一座若為先人捐資五十元者則供奉主位一座香花供養永作名山

一每一人做十份捐資十元在本山檀越

◆ 撰《青山寺規約》草稿

代青山禪院題醮壇聯三幅，

其一

統三懺以莊嚴，若事若理若心，普祈火劫冤魂超生拔死；

召眾靈而說偈，無去無來無往，參破色空妙諦為法忘軀。

其二

是誠香海大悲觀，且看碧焰青燐，隱約壇前七晝夜；

賴有青山真法力，無論黃冠緇服，超昇泉下一淵源。

其三

鬼又哭人又哀，七晝連宵，苦含酸淚通三藐；

佛有靈仙有術，萬流同派，能渡亡魂脫九幽。

領佛教女子職業學校題輓聯兩則，

其一

無滅亦無生，連天聽法聞經，參透色心原幻相；

有身皆有累，此日迴光返照，頓從火性悟真空。

其二

五陰非有，四大本空，問諸君刦火洞然，這箇亦隨他去否；

三懺莊嚴，眾誠懇禱，仰大士慈雲廣覆，靈魂不昧共歸依。

三月二十四日，馬棚醮會啟壇，師代表青山禪院登壇主醮，宣讀疏表（誦經榜文）：

恭聞

四生汩沒，莫知出離之方；六運升沉，任轉迴輪之轉。作業有精粗小大，受

報有遲速別同。不憑淨覺之提撕，無習出纏於業網。是以欲超苦海，須藉慈航。欲免沉淪，須求懺悔。茲有

娑婆世界，南贍部洲中華民國香港埠青山禪院弟子等，敬為奉佛。啟建道場，誦經禮懺，施食超幽，普度寃魂，往超功德事設供，信士何甘棠謹於是日，志心皈命，沐手焚香

上叩

南無娑婆教主三界大師，四生慈父，千百億化身釋迦牟尼文佛，青蓮座下。

伏維

年逢戊午，月正上元，乃香江賽馬之期，為士女遊觀之樂，正當興高彩烈，爭逐於聲色貨利之場，不期回祿祝融，倏布青鳥紅雲之陣，遂使層

棚疊閣，據兆焚如，綠女紅男，慘遭浩刧。可憐焦土，撿遺骸而莫辨雌雄。空見死灰，橫槁木而難超水火。嘆浮生如夢幻，不問賢愚老少，同付刦灰。苦恩愛之別離，慘聽眷屬親朋，一場弔哭。痛此殘肢碎體，叢塟荒邱，憐他滯魄孤魂，沉淪惡趣。豈衆生之作孽，至大刧之臨頭？或宿債所牽纏，現今生之報應？境風浩浩，摧殘五蘊之色身。嗔念炎炎，助長無明之業火。身命既罹於苦趣，神識定陷於幽囚。一墮沉淪，永難解脫。雖則前因後果，饗應如斯，無如矚目驚心，誰能遣此。用此敬陳鄙上叩

金容，仰三寶之慈悲，瀝一心而祈禱。至焚寶木，水洒楊枝。百拜和南，頂禮慈悲之寶懺，一心皈命。恭叩諸佛之洪名，謹諷地藏之名經，

冀超黑獄。持誦大悲之章句，無畏求施。虔備資財斛食之微儀，設放瑜伽平等之焰口，資荐功德七晝連宵，二月之十二開壇，十九完滿，為亡靈而懺悔，代訇子以皈依。伏望

我佛菩薩不違本誓憐凡情，

眉放毫光普照群生之幽暗，

手垂金色提携遇刦之沉淪。大開甘露法門，熄滅塵勞業火。庶幾使罪花凋謝，早從蓮界投生。區區濟度之微忱。懇懇

慈悲之俯鑒。

師登法壇為馬棚先難友說法：

蓋聞飄流三界，苦果原於集因；墜地三途，惡業皆由心造。蓋真性本圓明湛

寂，瞥爾情生一念，致使業風識浪，莫遏滔天。譬如萬里晴空，片雲倏起；澄清定水，自攪濁興。生死死生，出沒若火輪之旋轉；果因因果，点滴如檐水之無差。經云：「汝負我命，我還汝債，以是因緣，經百千劫，常在生死。汝愛我心，我憐汝色，以是因緣，經百千劫，常在纏縛。惟殺盜淫，三為根本，以是因緣，業果相續」云云。是故貧賤苦樂、壽夭窮通，本於三世善惡果報；順逆起滅、染淨因緣，不關於時命天數虛無。自然為本者也。試觀夷齊清潔而餓死；顏回德備而夭亡；盜跖暴行而壽終；曹瞞奸邪而安枕；石崇雖富，枉受冤災；戚妃繁華，慘遭碎體。且有童年慘死、天道何薄於斯人！修德招災，作孽豈由於斯世！古人有通宿命者，每能追憶往事、鑒達前生。如：羊祜之識金環、崔咸之徽墨誌；房琯剖松下之書、唐紹剌燈前之犬；圓覲峽中之舊約、東坡陜石之夢遊；盧女憶販羊之宿冤、西山决弒親之疑獄。如斯之類，今古實多，果報輪迴，其道不爽。故修五戒十善，則感人天之果報；造貪嗔愛業，為惡趣之因由。茫茫大道，孰謂無其事理耶？嗟汝由子，自從往刼，直至今生，妄念頻興，虛受多生。輪轉根塵，相接造作。無限冤愆，動煩惱之無明；自招火刲，起同業妄見。慘受三災，身命則痛苦顛連、神識則昏沈熱惱。頓謝陽世，難捨乎眷屬恩親；倏入泉臺、慘受此飢虛消濁。業牽識走，定入惡趣邪途；執相妄心，難免怨憎交集。緣造因於十習，遂受報於六交。苦海沉淪，無由解脫，不仗大雄之慈力，曷解無間之重冤？茲者闔港善信，廣結勝緣。憫遇劫之亡魂、安生人之心念。仰叩慈雲之妙法，普渡火刲之沈淪。七晝開壇，兩番建醮，召集比丘僧、比丘尼、優婆塞、優婆夷，兼聘白雲之老道禮誦大悲懺、梁皇懺、三昧懺、十王懺。敬誦道德之真經，合眾志之虔誠，代眾魂而祈禱。伏望楊枝甘露，洒熱惱而得清涼；白毫相光，破昏迷而登覺路。無邊苦境，藉此超昇；未了冤愆，俱蒙解脫。惟是佛法大海，信為能入；他力廣大，雖用自心。有感斯能孚通，無緣不能接引。用特敬陳鄙意，告爾魂眾：趁此法振雷音，打破塵勞之惡夢；經聞上乘，早悟罪性之本空。須知諸法本從緣生，緣生本無實性。三界依正之二報，俱屬於苦諦之有為；四大色受之五陰，本無我執之實相。窮推萬法，惟屬一心。悟此心，則煩惱菩提，本無二相；迷此心，則山河國土，萬象森羅。今爾眾等，幻身既謝，真性常存。既具中陰之身，尚可參經悟道，藉此慈悲會合，啓清淨三業而志切三皈；度濟門開，打破四生而空諸四相。為述偈言，志心諦聽。華嚴經偈云：若人欲了知，三世一切佛，應觀法界性，一切惟心造。南無過去毗舍浮佛偈言：「假借四大以為身。心本無生因境有。前境若無心亦無。罪福如幻起亦滅。」云云。以是知三界萬法，一切惟心，苦樂相忘，不因境有。汝諸由子，有一聞悟入，頓證無生忍，如其未悟真詮，再示攝心妙法。據大乘起信論云：如修多羅說，若人專念西方極樂世界阿彌陀佛所修善根，迴向願求生彼世界，即得往生，當見佛故終無有退。須知彌陀愿力，廣大弘深，憶念持名，俱蒙接引。而況西方勝境，依正莊嚴，極樂無窮。泯惡道之名相，地登不退；托蓮花以化生，九品金台。凡聖同歸於淨域。十方世界諸佛共贊。此眞乘，為往生最直捷之法門，乃苦海最方便之寶筏。無量壽經云：十方恒沙諸佛如來，皆共讚嘆無量壽佛威神，功德不可思議。諸有眾生聞其名號，信心歡喜，乃至一念至心迴向，願生彼國，即得往生，住不退轉。又彌陀經云：「佛告舍利弗，若有人已發願，當發愿欲生阿彌陀佛國，是諸人等，皆得不退轉於阿耨多羅三藐三菩提。」云云。如佛所說，真實不虛，大眾潛心，須當信受。若能清淨三業，放下萬緣，十念持名，一心不亂，定得花開見佛，高登極樂家鄉。大好機緣，慎無錯過。際此日瑜珈會啟，聽法師演秘密之宗；盼他時蓮界投生，我與爾唱無生之曲。勿忘此語，有厚望焉。

西方有佛號彌陀。

身披法服頂旋螺。

常將右手垂東土。

引接亡靈出愛河。

敬告馬場遇難各位先靈。青山禪院臨時說教員　不慧一眞居士和南謹啟。

四月十五日。東華醫院發起第二次馬棚建醮，師義務擔任「輪班當值幹事」。

十二月十九日。彌陀寶誕，兼青山禪院大殿落成，師領眾頂禮《蓮宗寶懺》一堂，並上表祈福。

約一九一八年起。任上環太平山街廣福慈航祠司祝六年。

一九一九年己未歲　四十八歲

一九二零年庚申歲　四十九歲

三月十九日。港督府官員鴉衣士凸頓經韋寶珊爵士引薦，專函請教師有關佛教根本戒律的問題，以供牛津大學學者（法師）參考。

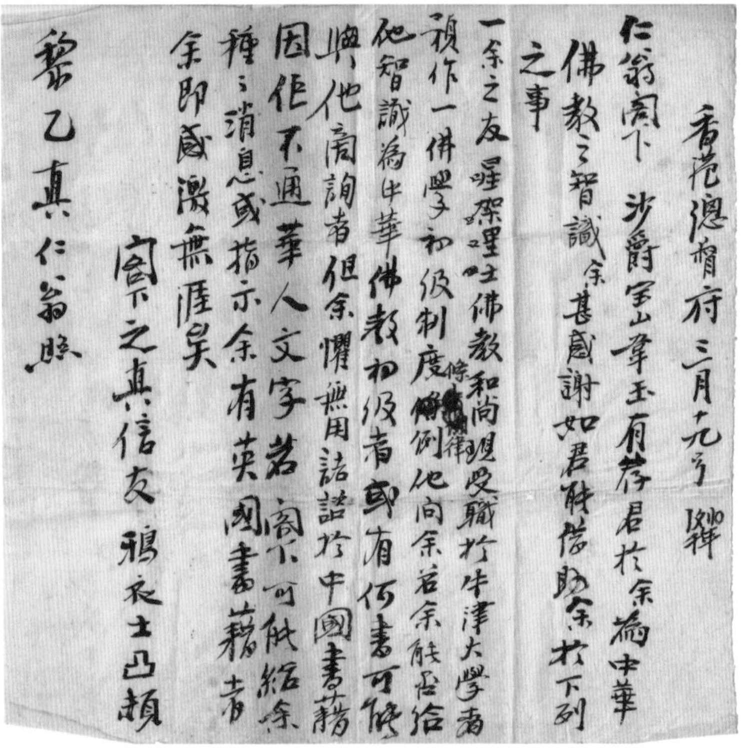

香港總督府 三月十九號 1920年

仁翁閣下 沙爵宝山韋玉有荐君於余為中華佛教之智識余甚感謝如君能幫助余於下列之事

一余之友暹囉哩吐佛教和尚現受職於牛津大學者須作一佛學初級制度條律例他向余若余能否給他智識為中華佛教初級者或有何書可能與他商詢者但余慣無用語語於中國書籍因他不通華人文字若閣下可能紹余種種消息或指示余有英國書籍者余即感激無涯矣

閣下之真信友 雅衣士凸頓

黎乙真仁翁照

◆ 香港總督府 雅依士凸頓先生來函請教佛學資訊

患小腸炎，纏擾七十多日，以佛號收攝心念，清淨身心，頗有徵應。遇有親友來訪問疾，皆勸以念佛法門。期間撰詩聊興：「弌瓶藥物弌爐香，病臥繩牀盡日長。未淨六根無我相，調和四大有良方。熱來專念彌陀佛，苦脫惟憑般若光。慚愧不才學摩詰，也從丈室作禪堂。」病癒即着手整編《極樂之門》作淨土修持誦本，篇末附誌感悟云：「吾人無始劫來，流浪四生，莫能解脫者，皆由一念妄想，三業穢染，是以久滯娑婆耳。今者秉教修行，一心歸命，出声持名，端身作禮，意想經文，身心口之三業圓淨，意想寂而五體翹勤，況藉十方佛之稱證指歸，阿彌陀之願力攝受，感應道交，往生可必。蓋吾人現前一念，本來清淨，與諸佛之圓明性體，無二無別，水清月現，攝入重重，淨土不外於唯心，西方顯現於舉目，無雙融事理，生本無生，所謂微塵剎土，自他不隔於毫端，十世古今，始終不離於當念者也。願我淨業後忠賢，當諦審而力行之。淨業學人一真氏恭識。」繼而引發編撰專書，宣揚淨土宗義。

夏。師編輯《西方公據》偶成《念佛歌》一偈，並將草稿寄奉青山禪院陳春亭居士及諸大德品評：

一心專向念彌陀。念念分明勿計多。百八摩尼週復始。一句一句韻聲和。
聲韻和，勿差錯，字字當從心裏過。晝夜綿綿密密拭。妄念打除煩惱破。
煩惱破，出愛河。六字真言掃萬魔。昔日本師金口說。彌陀有願度娑婆。
度娑婆，離穢苦。諸佛同讚西方好。若人信願及持名，接引往生清淨土。
生淨土，須淨心。五戒先除殺盜淫。行善布施修三福。蓮台誓取證黃金。
證金台，多福德。行深般若波羅密。臨終聖眾自來迎。上品花開親見佛。

親見佛，聞妙法。成就無量勝功德。三身四智具圓融。回入娑婆撐寶筏。法門八萬又四千。三界橫超此第一。

庚申夏日編輯《西方公據》之頌。偶成一偈錄呈青山陳老人慧鑒一并希斧正。乙真居士未定草

冬。青山禪院全部落成，師出力尤巨。江南雲水道人高鶴年居士贈送「光明世界」匾額，誌云：「時逢殿宇落成，大佛開光，四方相賀，絡繹不絕。斯乃陳公春亭主席、黎公乙真、張公純白居士道德所感也。」

冬。以青山禪院落成而尚欠比丘住持，不甚如法，乃規勸陳春亭居士捨道入佛，又專函引薦往赴寧波觀宗寺依天台宗宗匠諦閑老和尚出家，法號顯奇。待回港後延請晉院為青山禪院住持，隨即功成身退。

◆ 青山寺「光明世界」匾額

約是年。與夫人張圓明居士於灣仔厚豐里五號三樓創辦圓明精舍。

約是年。讀《大藏經》至〈秘密部〉，驚嘆密法之殊妙，慨嘆漢地之無緣，乃發願弘揚密宗，俾使人人皆得即身成佛。

一九二一年辛酉歲　五十歲

撰寫《樂邦導引》及輯錄《大勢至菩薩念佛圓通章》，另自編《發願文》及《略解》，並為圓明精舍弟子講解。

是年。匯款支持高鶴年居士在江蘇興化劉莊場創辦貞節淨土苑，供清修女士念佛靜修，安養晚年。

一九二二年壬戌歲　五十一歲

五月四日，釋迦佛誕。出版自編整之《大勢至菩薩念佛圓通章禮誦儀式》，附錄《圓

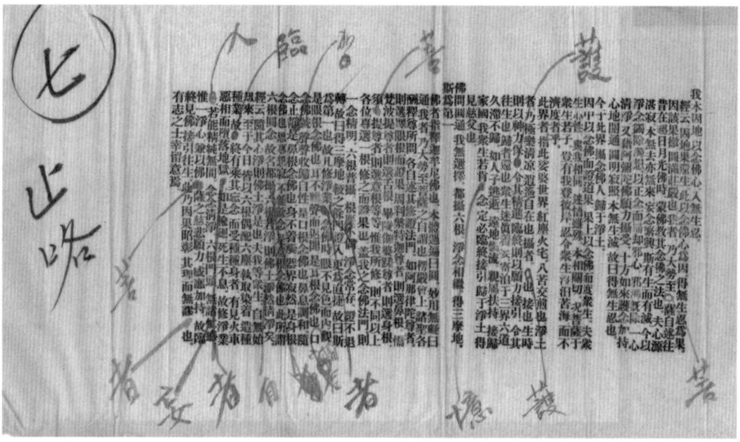

◆《大勢至菩薩念佛圓通章略解》草稿

通章略解》及《發願文》，供信徒研習及修持淨土之用。

一九二三年癸亥歲　五十二歲

四月四日。於圓明精舍設供上表，祈求密法重興於中華，早日受兩部灌頂。

五月二十日。購入啟德營業有限公司股票，積資以備創辦道場。

八月一日，農曆六月十九日，觀音菩薩誕。夫人張圓明居士為願密法早日回傳漢地，發願掩關九十天，虔修經懺，懇切祈求。師特為安排掩關行事及佈置護關人員職事。另題撰「上品金蓮生淨土；一輪明月照禪關。」致勉留念。

一九二四年甲子歲　五十三歲

四月。香港本願寺駐在主任阿部定映布教使贈送手書漢英梵《心經》及《佛說無量壽經》經本。

六月，日本真言宗豐山派大僧正權田雷斧大阿闍梨布教團到華南弘法。師親赴潮州迎請大僧正并隨行者共十二人至香港，隨員包括：小林正盛僧正、小野塚與澄僧正、山田鏡阿僧都、戶川憲戒僧都、飯塚榮山僧都、大橋傳尊僧都、中村教信僧都、岡田契昌僧都、中村淨周僧都、和田辨瑞僧都、橋本春陵畫師。

六月二十日。師陪同權田雷斧大僧正諸位大德會晤大日本駐港總領事官高橋先生。同行尚有關伊勢吉居士及平岡貞牧師，大眾拍照留念。

六月廿一日。權田雷斧大僧正假紳商胡翼南家族之厚豐園，傳授受明灌頂。師與夫人張圓明居士、何張蓮覺夫人、林楞真居士一同領受灌頂。

六月廿二日。陪同權田大僧正拜訪何張蓮覺夫人。

隨後，權田大僧正一行乘船離開香港，前赴台北弘法。

大日本駐香港總領事官歡迎權田大僧正拍照
釋尊應世二千九百五十一年歲次甲子五月十九日
黎乙真居士
權田大僧正

◆ 權田雷斧大僧正與日本駐港總領事合照

六月廿四日。粉嶺龍躍頭鄧氏家族洽商，請師代為接管及修葺龍溪庵。

八月六日。日本小林正盛僧正於上海致函師，云：「求道如君有幾人？焚香獨坐禮金身，朝歸大日除三毒，夕念彌陀脫六塵。泥裡蓮華香馥郁，衣中寶玉影清新，小僧始接風年去，偏仰無疆法帝仁。贈黎乙真居士」

十月廿四日。購入粉嶺六六一地段，以備開設弘法道場。

十月。與潮州之王弘願居士一同整編《十八道念誦次第》。

冬，農曆十一月。圓明精舍附近之土地神（自稱鄧杰英），年前因聞師開講淨土法門而悟道，對精舍尤多護持，林友每有感應。是日，土地神示現神通，以乩字訴說前因後果，兼勸大眾發菩提心，修持念佛法門。

〈鄧杰英護法勸發心念佛〉

「吾乃本坊土地是也。今夕黎先生請鄧老居士到壇。吾神來此恭候。各位善信。須肅穆恭候小待——鄧公與諸護法降臨。各位頂禮。

百十餘年始悟真。花開見佛證無生。慧劍猛揮超苦海。智珠牢握脫凡塵。八苦從茲歸寂滅。四生今始絕輪奔。聖凡立判剎那頃。迷悟原來只一心。杰英久已不結文字之緣。今作鄙俚不文。貽笑大雅。在所不免。既承列位同道。竭誠招邀。無以塞責。胡謅湊合。以誌盛會。兼博一笑。工拙非所計也。鄧某不材。毫無功善。謬蒙黎老有道。率眾同道。設壇供養。愧弗克當。黎導師於佛學研究有年。深明教理。更何勞老拙饒舌。但能從此不怠。何難共證無生。憶僕在世時。虛度百有餘年。須篤信神明。惜乎錯趨岐路。後得蓮社同人。指開正道。老拙幸得一時徹悟。承佛慈力。得入蓮胎。證無生忍。當日不遇貴社同人開示。何以有今日。老拙藉此盛會。得與各道友聚首。亦是因緣。深願諸同道。一心誠信三宝。勤念彌陀。使老拙得與諸友共修。是吾之所願也。勉之。後會定當有期。願聞黎道長高論乙真居士演說淨土法門後善高論。不特老拙受賜多多。且有益同人不少。老拙法眼一觀。座中有未發菩提心者。故求黎道長代為發揮佛法。俾世人之不信佛理者。有所警戒。幸無謂佛法虛無。則不至錯入岐途。終身無可挽救。須知人身難得。一失足成千古恨也請矣。

是年。潘瑞文居士題贈「攝將真面去；幻出化身來。」

一九二五年乙丑歲　五十四歲

三月。大僧正權田雷斧祖師來函召令師到根來寺習法，詢問：「來五月廿一日必可到着根來山，為起立灌頂壇可待來山。又受明灌頂之受者來否？速可有通知，以有支具調達也。」確認授予傳法灌頂事宜。

五月三日。師乘白山丸前赴日本習法，領受金胎兩部大法。夫人張圓明率同圓明精舍弟子到碼頭送行，拍攝留念。

五月廿三及廿四日。於根來寺入壇，權田大僧正授予一流傳授灌頂及兩部傳法灌頂，晉職大阿闍梨位，授予印可云：「傳法灌頂大阿闍梨受職之事。厥兩部灌頂事業者，薩埵受職之儀式，遮那果德之勝田也。現成正覺之要道，頓證菩提之法門，唯在此教者乎。於茲黎乙真阿闍梨窮阿鑁淵底，開胎金曼荼，是則頓超三

◆ 前赴日本灌頂時在船倉與送行者合照

祇，速滿行願者也。大正十四年五月二十三日傳燈大阿闍梨大僧正雷斧」隨即親解所穿法衣，交赴於師，叮囑返華大弘密法，任重道遠。

同日。小林正盛僧正贈送《傳法院流灌頂作法全套三卷軸》，皆為本宗重要法寶。

師參禮根來寺道場，適值興教大師聖像開龕，拍得照片一幅，並誌序留念：「興教大師乃新義真言之開祖也。大師當日照水作鏡，以泥造像，後人於根來山建大光明殿以供奉之，數百年來日本尊為國寶，封龕嚴密，無故不開。乙丑仲夏，到根來受法之日，恰值開龕，拍照以為編纂教史之用。聞此龕不開者已八十餘年，今幸藉勝緣，得恭慈相，不勝慶喜，特誌數言。第四十九代嗣法孫黎乙真謹識」

師於根來寺受法，向宗門大德致辭：

◆ 在日本根來寺接受大傳法院流灌頂

◆ 黎大阿闍梨受職印可

「列位大德道兄。小弟佛學淺漏，今日蒙各位推出演說佛教，自問無才，實在慚愧，然既蒙過愛，亦姑且說幾句而已。中土佛教以前歷史，諸位高明博學料已早識，無庸小弟之詳述矣，今只將近日中土佛教之情形畧說幾句。中土自民國改建以來，黨派紛争，一般學者固隨世俗潮流，無暇研究佛學，為僧者每每深隱山林，不與社會聯結，故有學識者曰之為虛無寂滅，且號之為癡人，而迷信者又只知祈禱求福，此所以佛之不振也。又中土之宗教，向來與佛教并行者，有所謂道家神仙之教，此教謂依其教法可以長生不死，但其教理雖未能達不死之自然，亦可以却病延年，世人注重色身，貪生怕死，信之者最眾。因佛教各宗皆係隔生成佛，似無憑據，難令人起信也，唯密教立即身成佛之理，倘能傳布此宗，定必流傳甚易，但可惜密教久已失傳，而小弟少年亦以為此乃求福甚易故，十三歲時每日持念觀音真言以求福，而後得觀　貴國密教書藉，方畧知其皮毛。又知此宗一指之動作，一物之陳列，一字觀想，皆有妙理存，倘能以我之三密感佛菩薩之三密，即身可以成佛也。近年密教書藉流入中土者甚多，世人亦甚欲研究，但惜無門可入，望洋興嘆而已。尚幸去年我本師　權田大僧正本如來大慈大悲之念，親作如來使者到中土傳布密教，此後大日之光，無難遍照於中土也。此乃如來之加持，亦祖師之冥感，實眾生之幸福也。因中土舊教與佛教并駕者，係今日小弟到此道場，得親沐　吾師法雨，又得諸位大士之教授，乃不勝感謝，慶喜之余，將來尚望時時指導提攜，使如來大法，流布全球，普度眾生，則豈獨日支之親善而已。」

法會後，前赴高野山謁拜奧之院，再往東京護國寺參訪。

六月四日。權田大僧正授大阿闍梨位予張圓明女士，親書印可狀云：「貴牘披讀，以遮那大悲方便可許傳法灌頂於張圓明也。大正乙丑夏六月四日。」交付師帶回香港。適當時候，代祖師傳付大阿闍梨資格。

六月。小野塚與澄僧正親手贈送寫本《傳法院流四度加行用意》，亦重要法寶。

六月十二日。權田大阿闍梨并昨年隨同訪華巡錫之諸位僧侶贈送《弘法大師全集》一套。

六月十五日。乘船返港。

六月。日本高野山金剛峯寺宮崎忍海寄送《密教之史記》。

九月七日。目睹國內四境不安，三災疊起，水火刀兵共抱臨頭之刧，特別諷誦《理趣經》十四天，並修《不動明王供養法》，為國祈福，消災止殃，人民安樂。

是年。捐出青山村約萬呎地段予青山禪院，資辦青山佛教義學。

十二月。公子黎瑞熙及千金黎瑞馨往生。廿四及廿五日落葬於香港華人永遠墳場。

一九二六年丙寅歲　五十五歲

二月一日。領導成立香港佛教真言宗居士林，林址設於港島禮頓山道十三號厚豐園三樓。下午五時舉行諸佛崇陞大典，恭行開眼供養法事。宣讀表文云：「幸逢善友良師作導，引入輪壇，故今日洗心滌慮，懺悔皈依，誠誓修秘密之圓乘，誓度眾生於苦海，誓弘大法，誓報四恩。是以設立叢林，廣召同志振興真言之教法，廣行慈善之工夫。今則借地結壇，布列供養，建立胎藏、金剛兩界之壇場，繪畫諸佛菩薩莊嚴之聖像，俾得瞻依禮拜，恭對修持，為林友之皈依，作眾生之依怙。今則崇陞迪吉開眼盛儀，謹具表文上千蓮座。伏願加持感應，發現無量之神通，降福消災，成就無邊之利樂。重振中土之密教，大闡宗風，救拔法界之含靈，同登覺岸。現前眾等心身清淨，晝夜吉祥。建處處之法壇，度林林之善友。即身成佛，福智圓隆。眾願無窮，伏求洞鑒。」

二月。居士林開幕，師捐助祖師柚木鏡架及法相屏座及「金剛法界」匾額、「佛教真言宗居士林」匾額等物。

師親撰「以戒為師乃大覺遺言至囑；即身成佛是密宗獨步單方。」託請方光居士書丹，懸於居士林內。

二月四日。香港佛教真言宗居士林成立之初，師特標示〈秘密三昧耶戒儀—甄別戒性及十重戒相〉及〈東祖弘法大師遍照金剛空海之遺誡〉章節，高懸林內，訓示林友「以

佛教真言宗居士林同道雅鑒
以戒為師乃大覺遺言至囑
即身成佛是密宗獨步單方
乙丑臘月乙真撰文光敬書

◆ 黎大阿闍梨為香港佛教真言宗居士林開林親撰對聯

上菩提心戒義及弘法祖師遺誡為吾宗重要家規，茲特標諸大堂，凡我林友，皆宜熟讀」。

二月十三日，農曆丙寅歲正月初一日。為真言宗居士林安奉大聖不動明王尊像并開光典禮，領導修持《大聖不動明王供養法》七天，上表祈求大聖鎮護壇場，「高提慧劍，削除煩惱冤魔；牢握金繩，縛伏剛強妖魅。五百由旬之內障者潛消；四方國土之中善作守護……伏望威靈感應，本誓不違。顯神通而禦鎮壇場，揮劍光而辟除障礙。令弟子等得安心修習，行願早圓。密印重光，大闡一乘之教法；慧燈朗照，破除六道之昏蒙。解眾生不了之冤纏，助行人成無上之悉地。同林善信，晝夜吉祥，林友如雲，大興密教，建法幢於處處，成居士之林林。法界含生，同沾利益。」

春。與潮州王弘願阿闍梨共同編定《十八道念誦次第》。

春。預備真言宗居士林成立以來首個佛誕，屆時舉行法會及傳授密法，特別編撰〈龍象詩章〉并禮佛儀軌、〈佛誕說略〉、《朝暮勤行法則》、《施餓鬼作法次第》。

三月十三日。為林友梁濟恭母氏阮太君修持《無量壽儀軌》三天，祈福祝壽。

三月十七日，農曆二月初四日。率領圓明精舍弟子修持《十八道立之無量壽儀軌》並宣疏表，為張圓明師母壽辰祈福。

三月。東京金乘院住職小野塚與澄僧正來函，寄贈其編著之《大傳法會掌中抄》及《四度次第》等重要法本。

四月四日。師為弘揚密法，須先為林友傳授戒法作為前行，特領導奉修《胎藏界大日如來供養法》七天，祈禱真言宗居士林法化興隆，同人遣除障礙，三昧成就。

四月十一日。修法圓滿，具呈受戒者名單，率同於佛前上表，表云：

「佛教真言宗居士林弟子黎乙真、巢翰華、譚漸磐、黃慧玉、簡玉階、方光、歐陽藻裳、蘇式之、范鳴石、何驤、梁濟恭、麥錦麟、趙士覲、鄒覺非、馮達庵、周亦僧、陸展驥、譚佩芝、孔曼殊、何伯熙等謹表上白

真言教主三世常住淨妙法身摩訶毘盧遮那如來，兩部界會諸尊聖眾，惣佛眼所照，恒沙世界無盡三寶座前，竊維弟子眾等多生迷惑作罪惡而深陷牢籠，三界飄流，逐人我而浮沉苦海，含辛茹苦，飽嘗滋味，清涼負債償寃累捨殘生而出沒。尚幸善根未泯，今得人身，不生蠻夷，又聞　如來声教，深恐此身再失，脱苦不知何期，是以滌慮洗心，立志尋求佛法，願受菩提心戒，素仰真言正宗，藉三密之加持　我千生之積垢，際此戒

壇將啓，法會欣逢，眾等謹竭誠衷，入壇求懺，念真言而懇求加被，修供養以表微衷，一七日朝暮行持，合眾心精神，祈禱伏冀

悲心垂憫

慈誓不遺，放光明而照我身心，施法雨而灌我頂上，令我眾花彫謝，菩提芽生，晝夜吉祥，常值提攜善友，惟光煥發，大開心月之蓮花，利己成人，誓作法門之龍象，降魔顯正，高張密教之旗憧。懇切祈求，伏祈攝受，謹表上聞！」

四月十三日，師捐助〈十二天像〉供奉於居士林。

同日。假真言宗居士林首度開壇傳授三昧耶戒法，共十九人受戒，包括馮達庵、梁濟公、趙士觀、方光、譚佩芝等弟子。

四月廿六日。奉修《無量壽如來供養法》七天，超薦親屬與林友各親族先靈，藉佛鴻

慈，解脫罪愆，同生淨土。

四月三十日。編訂《香港佛教真言宗組織章程》，訂明：「闡發佛教慧業，昌明本宗真理，以慈悲為本，以普度為懷。進世界於和平，破眾生之迷執，務達自覺覺他、覺行圓滿為宗旨；勸勉道友遵守地方之法律，提倡慈善之事業，謹守如來之戒律，務循道德之軌範；且不涉政治、不立黨派，不與別宗相諍論，不與別教相抵觸。」同時，得澳門正覺禪林住持見圓法師撰寫章程序文。

五月十三日。農曆四月初二日。為慶祝佛誕，領導修法七天。

是日。書法家盧觀海、盧鎮寰恭繪及贈送菩薩聖像各一幅。

五月十九日，農曆四月初八日，浴佛節。領導佛教職業女學校師生舉行浴佛法會，並上表祈福，又演講〈佛誕說略〉。同日將禮佛儀軌及演講辭結集為《唯我獨尊》，贈送同學，向青少年灌輸佛學，播種佛苗。

〈龍象詩章〉

法門龍象　力大無邊　口啣法轡　耘植福田
道德為苗　眾生若子　灑灌甘露　果結綿綿
大哉佛法　廣度三千　人能弘道　道賴人傳
顯密相承　法燈朗照　祖祖相繼　億萬斯年

〈佛誕說略〉

風光明淨，正天涼地爽之時，空氣清和，乃花笑鳥歌之際，散一天之瑞

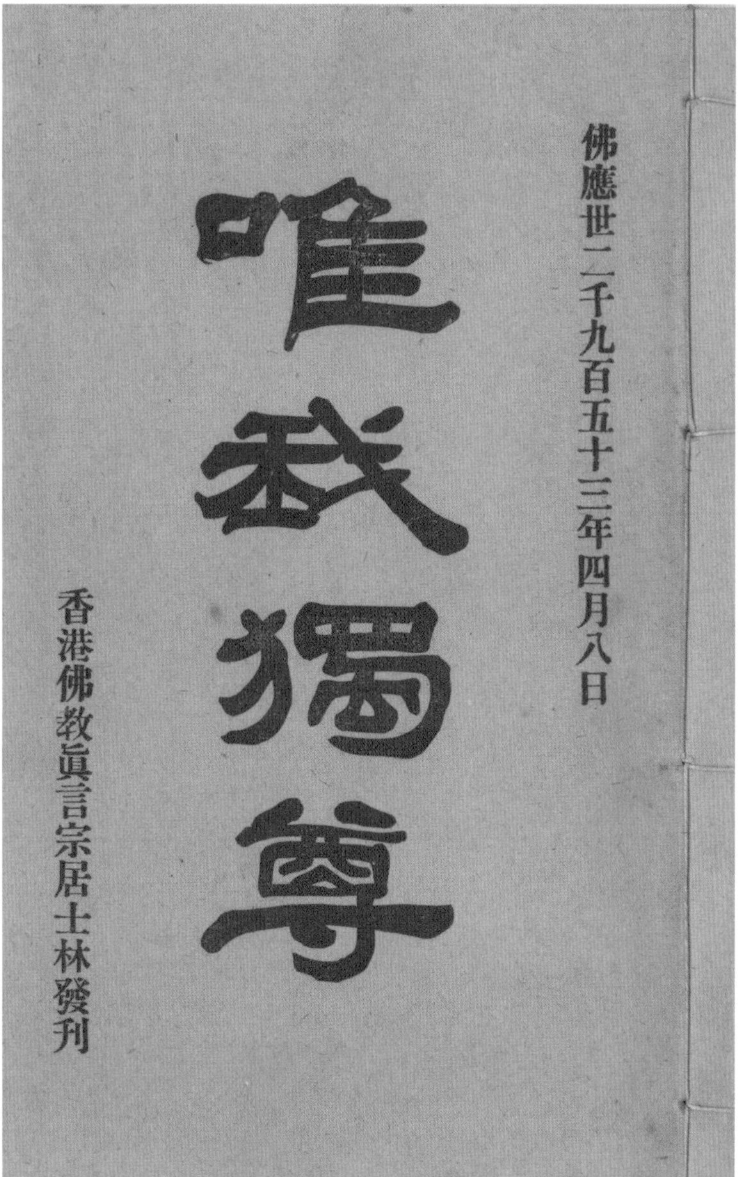
佛應世二千九百五十三年四月八日
唯我獨尊
香港佛教眞言宗居士林發刊

《唯我獨尊》封面

彩，花雨繽紛，布五色之祥雲，光明晃耀，現百十二之相好，喜慶萃集於王宮，感三十四之休徵，恩澤週流於大地，雷音師子，吼唯我之獨尊，吐水龍王，灑醍醐而灌頂，川岳則泛揚而震動，毫光則貫徹於太微，昭王勒石以留徵，天主樂歌而贊頌，良辰美景，喜事重重，瑞應如斯，果何日耶，乃距今二千九百五十二年，印土迦毗羅衛太子降生之日也，即世界所為香花供養，祝拜不遑之大教主，釋尊降生之日也，世尊曠刼修因，行菩薩道，因圓果滿，降質王宮，由下兜率以至入涅槃，八相道成，為三界師，作羣生眼，因果經中詳載其事，玆特錄出一節以供同人之研究，眾等須知釋尊出世，與我輩有莫大之因緣，非偶然泛泛者比也。

據因果經云：於是夫人即昇寶輿與諸官屬，並及彩女，前後導從，往藍毗尼園，爾時復有天龍八部，亦皆隨從，充滿虛空，爾時夫人既入園已，諸根寂靜，十月滿足，於四月八日，日初出時，夫人見彼園中，有一大樹，名曰無憂，華色香鮮，枝葉分布，極為茂盛，即舉右手，欲牽摘之，菩薩漸漸從右脅出，於時樹下亦生七寶七莖蓮華，大如車輪，菩薩即便墮蓮花上，無扶持者，自行七步，舉其右手，而師子吼：我於一切天人之中，最尊最勝，無量生死，於今盡矣，此生利益一切人天。說是言已，時四天王即以天繒接太子身置寶机上；釋提桓因，手執寶蓋；大梵天王，又持白拂侍立左右；難陀龍王、優波難陀龍王，於虛空吐清淨水，一溫一涼，灌太子身，身黃金色，有三十二相，放大光明，普照三千大千世界；天龍八部，亦於空中作天妓樂，歌唄讚誦，燒眾名香，散諸妙華，又雨天衣，又以瓔珞，繽紛亂墜，不可稱數。爾時摩耶夫人生太子已，身安快樂，無有苦患，歡喜踴躍云云。

又云：復有夜义諸王，皆悉圍繞守護太子，及摩耶夫人，當爾之時，閻浮提人，乃至阿迦尼吒天，雖離喜樂，皆亦於此歡喜，讚嘆一切種智，今出於世，無量衆生，皆得利益，唯願速成正覺之道，轉於法輪，以廣度衆生云云：印度爲古文化之國，三千年前，哲學疊出，如春花競發，分門別派，至有九十六種之多，或持戒禪寂以強伏識神。或枯坐精思以推原冥諦。或精韋陀四典，應世不窮。或得變化五通，神奇無碍。甚有炙身斷食，捨命求真。裸體塗灰，勞形脫苦，邪因邪果，着有着無，須誇證驗功能，究竟未離生死。今幸我教主釋尊降神出世，示成正覺，高懸慧日，燭破羣邪，教化四十九年，說法三百餘會，昭示正因了義之教，指導離苦得樂之方，我佛出興，群生有賴。經云：「如來以此一大事因緣故出現於世，為欲眾生開、悟、入、佛知見故耳。」我等今日夙生慶幸，得遇佛乘，自當精進修行，俾得早離苦趣，庶幾不負如來出世度生之弘願可矣。

古德謂我佛不出世，萬古如長夜，是知我等眾生，歷刼以來，輪迴六道久矣。時而天堂快樂，倏爾五衰；時而業報修羅，熾然三毒；地獄則有八寒八熱之苦；人間則有五燒五痛之悲；畜生則互相吞噉，或宰割以烹煎；餓鬼則長忍餓虛，時灌溶而咽火。饒汝神仙壽命，報盡還來，縱使蓋世功名，依然夢死，昇沉莫定，如汲井輪，苦海茫茫，憑誰度濟？非仗如來教法，無有一人能超出三界者。故世尊作獅子吼，而謂此生利益一切人天，誠非誑語也。

在昔菩薩，廣種善因，發四弘願，修行六度，經歷三大阿僧祇刼，只布施言，曾以頭目腦髓以施於人，所出之血，浸潤大地，國城妻子，象馬珍寶，而用報施，不可稱計。功德圓滿，於過去燃燈佛所，受記作佛，入補處位，生兜術天，作當來佛。見此世界因緣已熟，示同人法，降生於仁賢清淨之家。父淨飯王，聖母摩耶。十九出家，六年苦行，詣菩提場，降諸魔怨，深入禪定，天眼洞見六道眾生，受無量苦，起慈悲念。受梵王請，轉大法輪，四十九年，隨機說法，應病與方。八教五時，權實兼用。五戒十善，開天人道於鹿野苑中；八定四禪，建聲聞乘於鷲峯頂上。廣修六度，開菩薩之行門；觀察因緣，示辟支之佛果。三八儀律，清淨身心；三密加持，即身成佛。建一心為宗本；判十界之聖凡。拈花傳法眼於靈山，念佛示往生於淨土。轉凡迷而成聖悟；度苦海而出牢籠。凡有受持，悉蒙解脫，是故我等生墜於生死大海，惟佛可作歸依，非一切天魔外道各教諸梵可能拯拔者，是則今日降生之教主，豈不與吾等有密切之關係乎。

現前諸大善士，今日恭逢勝會，夙種善因，果能秉教修行，定必離苦得樂。生則佛天擁護，魔障消除；沒則蓮界高登，逍遙自在。兼能廣修六度，發菩提心，憐憫有情，度諸沉溺，自他兼利，報佛洪恩，將來九品花開之果，即今日一堂祝誕之因也。

五月十九日，佛誕日。在真言宗居士林傳授《朝暮勤行法則》及《施餓鬼作法次第》，得蔡功譜居士捐資印送予林友作日常修持法本。

〈真言宗居士林日課弁言〉

梵語漫拏攞。此曰真言。又曰陀羅尼。又曰尾你耶。何謂真言。謂真語如語。不妄不異也。蓋世間一切語言文字。不過假名顯相。推其究竟。歸於虛妄。惟吾宗初祖。摩訶毘盧遮那如來。以不可思議自在神力。加持世間文言。而成秘密心印。當體卽真。故能發生妙用。若人執持此秘密名號。戒行相應。頓集無邊福慧。速證無上菩提。倘業重障深者。如法受持。亦可化冤魔而成善眷。變罪藪以作福田。漸破無始無明。開悟本源心地也。所謂陀羅尼者。譯曰總持。謂總攝一切諸法。執持無量妙義。故一一字義。包含千理。遍遍念誦。功德無邊。蓋陀羅尼乃如來本誓願力。是諸佛舍利法身。若人觀誦密言。一一文字。成金色佛。遍虛空界。放大光明。我及有情。蒙此光明。皆可離苦得樂。渡生死海。如乘神通之寶筏。非諸餘乘所能及也。
又所謂尾你耶者。漢譯曰明。明者有除闇之義。蓋我等衆生。無明長夜。
昏沉於惡夢。互相牽纏。諸佛慈悲。為放無量光明。光中宣說真言。以破此
等煩惱死生之障闇。是故謂之明也。人能發菩提心。勤修三密。深入本尊三
摩地。獲得旋轉陀羅尼。字字光明。灌行者頂。藉佛功德加持力。成我所願
諸聖事。此為一體速力疾三昧。是乃開心見佛之單方。經云。即於一座中。
便成正等覺。故謂之是大明咒也。昔彌勒菩薩問佛言。三乘教法外。更有法
否。世尊告曰。我有摩訶三昧耶秘密內法。依之修行。能令大乘行者。速得
成佛云云。蓋此法為法身佛內證之法。是一切如來極秘之門。曩者釋尊謂歷
千百刼。雖行苦行。猶未得菩提。纔聞陀羅尼故。加行相應。便成正覺。又

金剛手菩薩白佛。為當來末法雜染世界。惡業眾生。說無量壽如來陀羅尼。修三密門。證念佛三昧。入菩薩正位。得上品上生云云。是故阿難示墮。仗真言而頓解宿冤。十方如來。承咒心而即成正覺。蓋此金剛一乘甚深密教。大乘菩薩。非此法無能圓滿佛果。三世諸佛。非此法無能普度眾生也。但此宗學理深奧。事相細微。儀軌則條理縝密。觀行則精細幽玄。非有師承。無從研究。嘗考密教。自唐宋年間。法燈朗耀。光照人天。元明以來。為君主專制自利。不使公開。故大法漸絕。叢林中。只餘課誦施食等真言。又以音義舛謬。觀門事相。皆不如法。未入灌頂道場。妄登大寶法座。事同戲弄。何望感應乎。而近代一般佛學大家。竟目真言密教為捍災求福之術。至使無上斷惑證真之妙法。比於外道符咒同列。所謂大六無碍。事理圓融之妙旨。

菩提心因。大悲根本。方便究竟之大義。殊未夢見。誠佛法中一大憾事也。民國肇興。百廢待舉。況值此滔天風浪。惡濁旋渦。非藉此金剛寶航。曷可誕登覺岸乎。故茲法輪復轉。密日重光。正應時節因緣而起。非偶然也。甲子春。權大僧正大阿闍梨來此布教。得傳心印。乙丑。予再赴祖堂。將金胎兩部大法。負荷歸來。一時賢達入壇研究者。亦頗有衆。於是將古德所定朝暮勤行法則。畧加增刪。成書兩卷。以便林友早晚入堂禮誦之用。十方善信。如有見此課本。欲禮誦者。可尋密宗阿闍梨。受三昧耶戒。入灌頂道場已。然後學習。方為合格。倘自結印持明。則有越法之罪。經有明訓。願我後賢。慎守此誡也。時在民國十五年。四月八日。真言密教傳法使者。乙真阿闍梨序於香港佛教真言宗居士林。

八月。權田祖師覆函。指導購置佛具、法器及經本事宜。

十一月（農曆十月）。編成《密宗威儀作法集》。

約本年。編定《密宗胎藏界禮誦儀》供林友善信修習，作入壇灌頂之前行懺儀。師另撰修持真言宗之修行規則若干條及〈暫定胎藏界預修課儀〉，諄諄告誡習法者。

〈密宗胎藏界禮誦儀序〉

菩提心月，本來徹夜清輝。煩惱迷雲，忽爾彌天暗蔽。於是任境風而運轉，逐塵識以奔波。三界飄流，着人我而浮沉苦海。六師煽熖，陷邪見而殘害法身。唯我大覺法王，憫六道之愚迷，示超凡之聖道，現三身而說法，開顯密之妙門，秉教修行，皆蒙解脫。獨惜衆生愚昧，未肯回頭，沉五欲之淤泥，作六師之魔眷，虛生浪死，實可憐也。願吾人勿負己靈，奮起沖天之志，早發菩提之心，求佛法而超出凡塵，度眾生而同登覺岸。此大丈夫之偉事也。願與同志者共勉之。

香港乙真居士謹白

〈修行規則〉（節錄）

不慧素皈三寶，專修淨密法門。近今善友中，多有欲入真言宗灌頂道場，要予為引進者。但以佛法大海，非深信不能入，宿生罪障，非懺悔何能除。倘志不堅而行不勤，戒不精而心不細，何能開自心之明月，感佛聖之加持乎？又密宗觀行法門，事相精微，儀軌縝密。一器一供之陳列，一指一印之舉揚，真言音字，必正必清。動作威儀，或進或止，如車行道路，必遵一定之軌範，否則隕越堪虞。此皆自摩訶毘盧遮那如來一脉傳來，師師授受，斷不能絲毛移易者也。倘能依法修習，能斷無邊之煩惱，能集無邊之福慧，能除宿世之定業，能開清淨之真心。至於變化神通，乃餘事耳！故入此門者，必要具誠篤之信仰，發起菩提之深心，持戒行善，勤修懺悔者，方為合格。今特將胎藏懺悔文一本，彖以念誦供養儀法，合成一編。又將修行規則，祖師明誨，列於卷首，以授學者。倘能遵守明規，依科禮誦，加行百堂。課誦圓成，佛前奉獻，然後乃為之引進。先皈後戒，隨入道場，投花灌頂。此所以表專誠求法之真意，且洗滌宿世之寃愆，又使將來入觀修行，易於取辦也。倘有以予法為固執，而欲躐等入門者。或有別位可引進，非予之所敢言也。

一九二六

謹布鄙意，聊作方針：

一修行者。其目的在於成佛。佛者，乃斷盡無始無明妄惑，覺悟常住真心。福慧莊嚴，萬行圓滿，方成佛果。十方諸佛，乃已成之佛也。六道四生，乃未成之佛也。吾等若能依先佛之教而修之，則人人皆能成佛者也。世尊云：「一切眾生，皆具如來智慧德相，皆由妄想執着而不證得耳。」故修行者，須直下承當，信解實行，終能證果。所惜者：一則明師難遇。二則法弱魔強。加以末法時期，眾生罪重，三途活現，四處災殃。我輩今日落此惡世旋渦，雖發精進勇猛之心，無如孽重冤深，少福無慧，障緣遍織，每每退墮中途。兼之外道爭鳴，邪宗煽熖，執常執斷，着有着空。為師者則存名、利、恭、敬之心。求學者未除癡、見、愛、慢之念。無辨法之慧眼，每每錯入門頭，瞎煉盲修，自以為是。迨至無常見召，或悽然而受縛、或顛倒以慞惶。任汝法術機能，總難免死王之號令也。

一修行者。當痛念吾等自無始刦來，三業染穢，所作罪障，無量無邊。今雖幸得人身，倘不奮力進前，又復沉淪苦海，茫茫六道，何日乃可超昇乎？為何以百年有限之光陰，作五欲沉迷之黑業，無常一到，難免三途。有志者，當勇猛精進，誓以此報身，超出三界，幸勿蹉跎歲月，至臨命終時，百苦交煎，悔恨方遲也。

一九二七年丁卯歲　五十六歲

三月七日，農曆二月初四日。撰〈真言宗修行者須知〉。後來收錄於《十八道念誦次第》。

五月七日，農曆四月初七日。一連兩天舉行傳授三昧耶戒暨胎藏界灌頂法會。

五月八日，浴佛節。師首度傳授胎藏界灌頂，向兩界諸佛菩薩聖眾上表宣疏，表云：

「伏以

慧日當天照徹羣身之幽暗

真言開庫忽陳眾寶以莊嚴。龍泉灑太子之身，甘露灌學人之頂。茲有娑婆世界南贍部洲香港埠佛教真言宗居士林弟子黎乙真、張圓明暨同林弟子等謹於釋迦世尊降世二千九百五十四年歲次丁卯四月初七、八日開傳授三昧耶戒灌頂道場，肅具表文上白南無真言教主三世常住淨妙法身摩訶毘盧遮那如來，兩部界會諸尊聖眾，外金剛部護法天等座前，竊維超生拔死唯佛法可作皈依，斷惑證真以密宗乃達其究竟。曩者法身大士說自覺聖智法門，大聖薩埵傳兩部金胎大教，龍樹開如來之鐵塔，道啓南天。惠果傳密印於中土，法流東海。有緣得遇，頓銷曠刼之寃愆；得法修行，成就即身之佛果，誠無上至真之聖教，神通叵測之圓乘也。惟是中土大法久已失傳，密印心燈，搖搖欲絕，際茲雜染世界，法弱魔強，受苦衆生，少福無慧，三途活現，萬惡叢生，修羅熾盛。起魔軍欲海橫流，漂大地水深火熱。刼禍臨頭，雖有發志修行，復被旋渦汩沒。不仗三密加持之妙力，難逃宿生定業之糾纏。弟子目覩瘡痍，心驚陷溺，悽惶祈禱，盼望大法以東來，感佛慈悲，竟注甘霖於天上，權田法使，駕赴香江，道接根來，法傳兩部，今欲以醍醐上味，乳哺羣生，爰開灌頂戒壇，普度一方。善信仰藉

釋尊降誕之福日，謹設胎藏法界之道場，香爇沉檀，花陳蘭菊，献六般之供

養，運一片之精誠，奉供三部諸尊，啟請十方賢聖，伏望不違慈誓，憐憫有情，不來而來，百億貌臺臨丈室；無相有相，萬千光瑞現金身。興慈念而護佑行人，鑒愚誠而證明功德。施無畏力拔除受者之罪根；放淨光明照破行人之大夢。使現前衆等，心身清淨，諸作吉祥，自發心以至證真，於自身以及眷屬，離諸煩惱，福慧兩嚴。成佛果於即身，度群生於苦海。宗風大闡，建處處之法幢；密印舒光，破重重之障闇。致世界於和平之福，度先靈於極樂之邦。善願無邊，決定圓滿，衆等誓弘五願，誓發深心，仰報諸尊慈護之洪恩，回向法界平等之利益。誠惶誠恐，謹表上白

南無大悲胎藏界諸佛菩薩

南無金剛界一切諸佛菩薩

外金剛部護法大天座前。恭望

鴻慈。俯垂

洞鑒。旹維

丁卯四月七八日開壇傳戒灌頂文表具呈」

是日。入壇受灌者共三十九人，包括趙見機、歐陽藻裳、陸無為、馮達庵、梁濟恭、蔡功譜等。

是日。印行《十八道念誦次第》，以備傳授予受灌弟子修習。

五月八日。胡毅生居士以是次灌頂法會別具意義，特刻製印章一對贈黎祖師，邊款刻誌：「民國十六浴佛節。乙真大阿闍梨為余友見機行灌頂法。刻此為贈。隋齋。」

請得著名篆刻家李尹桑為真言宗居士林刻製印章。

九月廿二日。居士林公布「傳授金胎兩部大法實地修習」啟事，準備啟導林友依次第習法。

秋冬。編撰《藥師如來經法之研究》（未刊行）。

十二月四日。為林友鄺明居士作文殊菩薩開眼作法，上表宣疏。

十二月廿五日。草撰〈禮藥師懺表文〉。

十二月廿七日。廣東戰事頻盈，死傷枕藉，乃修持《不動明王護摩》七天，祈請轉移世運，超薦幽魂，回向國土清寧，人民安樂。

冬。上海佛教居士林林長王一亭居士，代印光法師親書來函，請師為「遷移杭州放生魚池」勸募。

約於本年與一九二八年間。編撰《密宗在家朝暮念誦功課式》。

佛教真言密宗居士林啟事

本林暫寓跑馬地禮頓山道十三號現開金剛胎藏輪壇傳授兩部大法實地修習以達圓滿二利度濟羣生宗旨林內經費概由同人自備不捐外界資財不受善信供養入林修習者只限男子凡屬婦女恕不接納此佈

丁卯年八月廿六日

◆「傳授金胎兩部大法」報章啟事

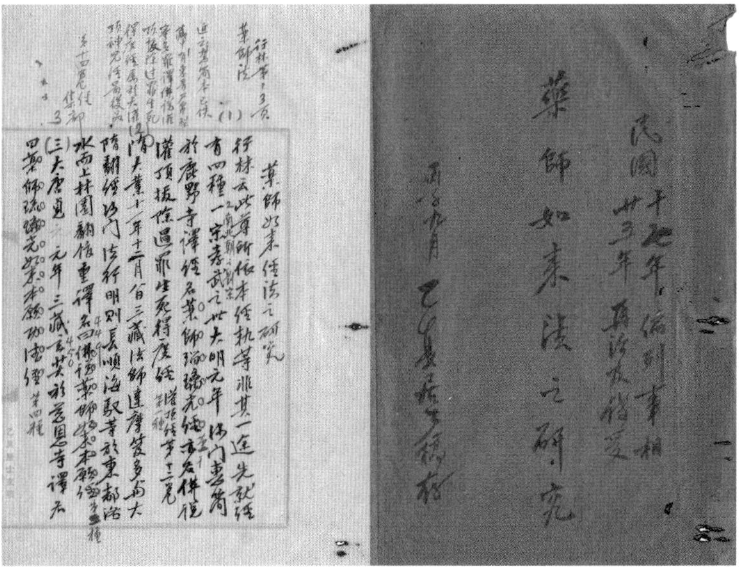

◆《藥師法研究》手稿

約於本年冬季與戊辰年初之間。張師母於年前獲權田祖師預立為阿闍梨，張師母以任重道遠，謙遜須先厚實資糧，方堪就任。是年仲冬，張師母圓滿閉關，由師代為傳法晉任阿闍梨位，並獲權田祖師賜授袈裟為信物。

一九二八年戊辰歲　五十七歲

一月十四日。為蔡友文修持渡靈功德法事，回向早登淨土。

二月四日。師與真言宗居士林諸公決議籌措購買沙田吉地，建築分院及籌建佛教壇場。

二月。真言宗居士林及圓明精舍道侶為祝禱師母張阿闍梨閏壽佳辰，師特別編撰《無量壽佛觀行供養儀軌》及《聖不動尊御扎守加持法》。

二月十五日。居士林林友提前預修《無量壽如來供養儀軌》三天。圓明精舍弟子則修持《藥師如來儀法》，並為兩堂大眾傳授二佛印明及儀軌。

二月廿一日。師與師母張阿闍梨於圓明精舍修持《大聖不動明王供養念誦次第》兩天，圓隆之時增修《加持扎守法》，以分贈真言宗居士林及圓明精舍弟子，祈求明王守護，「使眾信佩之吉祥，清除災障，供者獲福，壽域同登。五福九如，同獲華封之祝，兩堂眾信，咸蒙法化之恩。」

三月六日，農曆二月十五日，佛涅槃日下午。為廣州弟子馮達庵、梁濟恭等八人恭行聖像開眼作法。

三月七日。師母張阿闍梨第三次掩關，定期四十九天，特為撰寫掩關表文，供特定日子修供上表。

三月十四日。師與師母張阿闍梨再修持《大聖不動明王供養念誦次第》兩天，並修《加持扎守法》。

三月廿五日。親手抄錄《大隨求陀羅尼》一本。

三月廿五日，農曆閏二月初四日。師母張阿闍梨壽辰，師率領奉修《無量壽如來供養儀軌》七天，並聯同居士林九十九名弟子具名上表，請求佛光加庇張師母，表云：「伏以淨土莊嚴七寶樓臺金世界；法身明妙無邊光燄紫琉璃。稽首蓮邦，祈求景福茲有娑婆世界，南瞻部洲，香港埠佛教真言宗居士林弟子黎乙真暨同林弟子（名略）合家眷屬人等，謹於戊辰年又二月四日，敬為奉修《無量壽如來供養儀軌法》以祈集福迎祥祝壽功德事，肅具表文上白：真言教主三世常住淨妙法身摩訶毘盧遮那如來、兩部界會諸尊聖眾、本尊大聖極樂化主無量壽佛、觀音、勢至諸大薩埵、蓮花部中一切聖賢、外金剛部護法諸大天等，惣佛眼所照盡十方恒河沙數世界，重重無盡三寶座前，曰：竊以壽者德酬，唯修德可延壽算，福因善積，能作善可結福緣，合誠意以祈求，冀垂恩而錫嘏。爰有張子，道號圓明，乘慈願以出生，現人身於女界。少年守禮，盡人道之倫常。壯歲修行，稟佛家之戒律，入輪壇灌頂，法派豐山，啟蓮花藏心。專修淨土，作福善則不讓當仁。修觀行則精勤無怠。菩提大志，老而彌堅。際茲末法時期，妖氛遍地，顧彼女界陷溺殊深，不有志者起而拯拔，詎可能出此水深火熱耶？今幸吉光耀宇，喜明月以投懷；紅日當天，幸慈航而入世。眾等荷蒙引進，同登法壇，逢茲閏壽佳辰，理合恭行祝典，慶壽星於南極；啟法會於西方。嚴淨壇場，誦七天之密語，虔修供品，輸一片之精誠，布列香花，慇重供養上獻十方三寶，供奉淨土慈尊，傳密印而開觀行法門，濟孤魂而施甘露法食。七天功德，三時上堂，以此微誠，耑伸祈禱，伏望六通感應，三密加持。無垢淨光放萬紫千紅而朗照；無邊壽命偕千祥百福以齊來。庶使諸障消除，慧根增長，道緣廣結，善友雲來，種萬樹之菩提，枝枝競秀；洒大千之法雨，點點皆春。善願無邊，決定圓滿。又願承此功德，回向眾等，父母宗親增延福壽，回向天下法界，利益均沾。更祈佛聖垂恩，本尊護念，令弟子等，智珠朗耀，心月光明，晝夜吉祥，福星拱照，參禪入觀，見西方如在目前；果滿功圓，到樂邦如伸臂頃。竭誠懇禱，伏冀冥加。誠恐誠惶，百拜頂禮，謹表上白。恭望鴻慈，俯垂洞鑒。

旹維民國十七年歲次戊辰又二月初四日修供祈福表文具呈。」

四月廿二日。以粵省戰事連連，兵災蔓延惠州與海陸豐各處，死傷枕藉，特別開壇修法，超薦兵災亡魂及各地連年戰事殉死者。是日，率領兩堂全體道侶虔修淨土懺及

《無量壽如來供養法》八天，上表云：「……哀此海陸豐幾無乾淨土，家室付楚人之炬，身命等秦卒之坑，轉徙呼號，飢渴頓踣，同為白骨，亂若麻撐，憫彼黃魂罹斯黑劫，陰霾充塞天地，頓失其祥和，戾氣彌漫，斗牛亦為之黯淡。至若中原擾攘，歐美紛爭，北戰南征，竟操於同室，海軍陸隊，互殘殺以興戎，漫言公理利權，實則互相苦惱，轟天震地，幾多腹破腸穿；彈雨鎗林，遍野肢傷首碎。肝腦塗污於大地；魄魂蕩漾於冥途。若敖之鬼何依；忿恨之心不息。冤冤相報未有了時；念念尋仇超升何日。不有圓通妙法曷赦罪孽眾生；非仗雄力威神孰救沈淪冤鬼？今逢上祀，用約同寅，宣揚秘密真言，虔修如來妙供，八宵施食，百叩垂憐。仗諸佛之祥光，潛消苦果，運三昧之真火，盡化冤薪，伏望本誓不違，加持感應，菩提甘露，遍灑受劫之孤魂……」

四月三十日。草撰《彌陀佛開眼作法》儀表。

五月。權田祖師寄贈親書之《略金剛界次第》，寄予密教興隆之盛意。

五月廿八日。舉行第二屆受戒灌頂法會，是日啟壇傳授三昧耶戒。翌日傳授胎藏界灌頂，受法者共九人，包括馮重熙、趙士偉、姚陶馥等。

七月。應香港理民府邀請評鑒《佛祖事蹟》影片。事後聯同林友歐陽藻裳及羅伯貢致函理民官，提供佛學意見。

七月。有佛學推行社來函調查真言宗居士林會務情況，師修書回覆本林有會員八十人。社會善業則辦有佛教光明學校，另於中環自設聚珍樓印刷局，承印流通佛書等。

春夏季。得紳商胡禧堂、蔡功譜慷慨捐資護持，師購入大坑光明臺九號作永久壇場，奠豎恆久基業。隨即籌措遷林事宜。

八月七日。師母張阿闍梨發廣大悲願決心成立佛教真言宗女居士林。師協助購置大坑光明臺一萬六千尺地段，修建女眾永久密壇，大闡密教。

八月上旬。師修書備呈權田祖師，匯報香港真言宗居士林事業情況及張阿闍梨購地創辦真言宗女居士林等事。

八月廿三日。權田祖師親筆覆函，對香港真言宗居士林遷入光明臺新址及張法尼創辦真言宗女居士林，建立女眾專修密壇表達「慶悅無極」。

九月十八日。撰〈新居士林落成附祀主位致本林友書〉。

九月。為新林開幕、崇陞及修法事宜擬定職事分工及習儀規程之通告。

九月三十日。為林友湯一心夫人錢氏作渡靈修法，修持《彌陀法》及《施食法》，回向湯夫人「消滅千災，使得早入蓮胎，免嘗孽苦，接歸極樂，得證無生。」

貴地密教專修道場建立光訥慶悅無極

拜啓病氣來問訊料日銀二十五元及八月十日

記貴函正八手披見數回展予之志不耐感激之至只

管感謝々々目下病後尚服藥靜養不能委悉

乞恕余香和南　權田雷斧

呈　黎乙眞居士

張圓明法尼　香法座下

日本昭和三年八月廿二日

上海九華堂寶記製牋

◆ 權田雷斧大僧正來函對香港密教發展表達慶悅無極

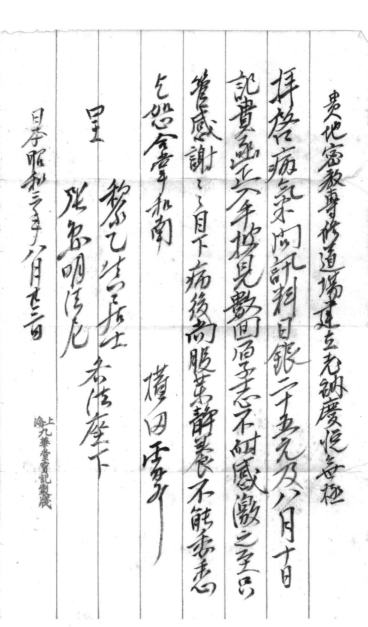

十月十二日。修書禮頓山道舊林業主，預告遷出，並云：「託庇宇下，不覺三年，且以廉值取租，又得諸多將就，同人等銘感大德，永不能忘。」表達謝忱。

十月。居士林落成，暨胡禧堂家族祖堂神主陞座，親撰神龕聯句「頂灌白毫心開佛現，神遊淨土功在人間。」

十月十七日。新近研究佛眼佛母本尊秘法「頗有頭緒，值本林堂宇落成，修法禮禱。蒙佛默示奉修佛眼佛母大法，以作崇陞大典。」由是草撰《為本林堂宇落成奉修佛眼佛母大法以作崇陞大典告各林友文》。

十月廿七日。撰寫〈通告林友籌捐新林裝修費書〉，提及「茲定月底遷入新居，籌畫一切，現計裝修之款約需三千餘元。但本林宗旨向不捐及外界資財，故此項只循我林友責難旁卸，務望為力。」

十月。日本東京金乘院住職小野塚與澄僧正來函恭賀香港居士林遷入光明臺，振興密教。

十月三十一日，農曆九月十九日，觀音誕。為林友梁季寬母親程太夫人虔修《無量壽如來供養法》一壇，回向冥福。

十一月十一日。是日為居士林遷居暫停供養修法上表疏，云：「溯自本林初組之日，正尺地未有之時，志切開壇，勢逼賃廡，究竟仰人鼻息，而得廣居何如，出我心裁以求安宅，幸償我願，總仗佛恩藉姊妹之布金，喜工師之得木，三弓地闢，一角樓成，無畫棟雕梁，堪誇壯麗，而蓮臺寶座應示莊嚴，第雕刻未成朝參暫缺，待崇陞有日，復供養如常。弟子等暫別慈光，常持信念。早梅幾點，點點冰心；瘦菊數枝，枝枝晚節。歧途不入，小別何妨。伏乞念堅定之操持，發慈悲而垂護。」

十一月初。撰〈為本林遷入新居登報告白〉。

十一月。權田祖師來函問候，並答謝弟子送禮。

十二月十六日。真言宗居士林遷進大坑光明臺九號舉行開光典禮，師晉院擔當住職，率同林友及圓明精舍弟子奉修《佛眼佛母秘法》，及具表宣疏，云：「謂本林草創，幾歷星霜，道脈遠接於南天，法乳反哺於東海。三週布教，兩度開壇。仰藉佛聖之殊恩，道侶得安居而念誦；又感檀那之惠澤禪堂。本建築以完成，用特捨去舊居，喬遷新址。光明臺上同瞻　大日之天；功德林中共仰慈雲之蔭。報給孤獨之長者，許附祀其先人，俾得與　佛為鄰，時沾法化。庶使中陰獲福，早脫塵勞。今則林址苟完，理合崇陞寶座，雖未壇場建立，豈敢久曠禪功，是故簡畧莊嚴，奉安寶像，虔修供養，用報慈恩。」

感念紳商胡禧堂、蔡功譜兩大居士年來施資護持，使得建立永久道場，特於新林設置龕祠，安奉宗親先靈。師為神龕親撰「博學仰鴻儒，一生政論文章振聵警聾為木鐸；克家有令子，此日布金護法聞經悟道証菩提。」聯額誌賀。是日中午，特為胡禧堂尊翁翼南公八秩冥壽領眾修法上表，回向「先靈得度蓮邦，陽眷同膺福祉。慰彼孝思之志，用報檀越之恩。」

是日。師母張阿闍梨率同圓明精舍弟子具名致送「祖印重光」匾額為賀。

「奉賀

佛教真言宗居士林寶剎落成

乙真大阿闍梨耶榮任住職之喜

◆ 香港佛教真言宗居士林於大坑光明臺新址落成祝賀匾額

郭養明　譚藻罄　鄭閏嬌　廖　妹　陳玉善
李佩瑜　楊美珍　鄭　英　趙顏愛　范茝芳
黃瓔珞　王光慧　梁昌慈　趙顏芝　譚淑君
李慧瀾　阮慧光　羅慧澤　蘇容芳　譚淑坤
陳節貞　梁妙心　黃貞福　譚聖聞　陳學法
馬志信　蔡德真　馮省德　王慧女　黃慧寬
周舜貞　呂秀麗　陳靜嫻　陳瓊珍　盧煉貴
張仲明　陳至妙　鄺昌譜　梁翠心　馮玉珍
郭秀珊　羅　順　馮瑞屏　葉秀珍　黃姚芝
周婉卿　梁華碧　郭昌盛　董圓玉　陳昌淑

關坤載　潘念慈　梁育信　姚寶珍　盧玉清
尤妙玄　伍珍佩　盧淑珍　麥善泰　黎寶芝
黃弘瓊　陳修德　招鷲山　馮　顏　蔡銀京
黎信婷　鄧杏華　陳　連　何杏紅　崔寂法
何淑貞　石覺滿

弟子等七十二人同拜賀」

冬。以居士林遷入光明臺新址作永久壇場，師編定每日勤行功課表，規定每天早八時、十二時、午三時半、晚八時入壇修持，毋得懈怠。又逢齋日作施食法，冥陽兼利。

是年。編撰及刊行《北斗消災延壽經》（儀軌）。

一九二九年己巳歲　五十八歲

一月廿一日。為一月十六日在港外沉沒之新華輪橫死諸魂舉行法會，編修《超渡新華輪船沉溺幽魂念誦儀》。並領眾修持《無量壽佛觀行供養儀軌》七天，上表疏云：「邇有地名橫海，近接香江，船號新華，來從潮汕，禍因失道，慘被觸礁，值子胥之怒濤，同屈平之沉石，勢如籓鶂，胡能奮飛，腹葬江魚，於焉長逝。哀哀楚些，何處招魂；莽莽汨羅，詎知歸路，長餒若敖之鬼，難平精衛之冤，非藉清淨之毫光，曷解煩冤之戾氣。不伏慈悲之願力，孰拯陷溺之幽魂？用特仰體佛心，集諸道侶，謹修妙法，恪誦真言……庶使橫死孤魂，早得往生善境。」

二月十八日，農曆正月初九日。為真言宗居士林眾檀越安立祖先牌位修持一字金輪佛

超度新華輪船沉沒橫死諸魂表文
伏以
水性真空清淨本然周法界
佛慈平等加持感應自圓通　敬燃南海沉檀仰叩
西方賢聖　茲有娑婆世界　南贍部州
中華民國南部海濱香港埠光明臺上佛教真言
宗居士林及圓明精舍弟子眾等敬為修供作
法超度新華輪船沉沒橫死諸魂謹於月之十
一日開壇念誦七天今當結願之日肅具表文
上達
真言教主三世常淨妙法身摩訶毘盧遮那如來兩
部界會諸尊聖眾本尊大聖西方無量壽如來極樂
淨土一切聖賢蓮花部諸菩薩聖眾
五大八大諸大明王水月大士吉祥菩薩金剛天等
盡十方徧法界一切三寶座前竊維殺盜淫妄
宿生具造惡因水火刀兵共業遂成苦果適有
地名橫海近接香江船號新華來從潮汕禍因
失道慘被觸礁值子胥之怒濤同岳平之沉石
勢如蒲鷄胡能奮飛腹葬江魚於焉長逝哀哀
楚些何處招雲莽莽汨羅詎知歸路長餓若敖
之鬼難平精衛之冤非藉
清淨之毫光曷解煩冤之戾氣不伏
慈悲之願力孰拯陷溺之幽魂用特仰體佛心集
諸道侶謹修妙法恪誦真言供養
無量壽尊祈禱
吉祥大士七天修法一念輸誠集合兩林之信心懇
禱
十方之賢聖伏望
六通感應
三密加持放
清淨之紅光照破沉淪之陰氣施
三昧之真水解除陷溺之冤俾庶使橫死孤魂早得
往善境弟子等惟有勤修淨業仰答
諸聖鴻恩誠恐誠惶謹表上白恭望
鴻慈俯垂
洞鑒時維
民國十八年歲次戊辰臘月十七日超幽文表具呈

◆ 超渡新華輪沉沒橫死諸魂表文

頂尊勝法七天，上表云：「邇者，佛壇建立，居士成林，羣生得渡海之慈航，眾信有梵修之淨地。爰思報本，感答四恩，是以祿位長生安奉檀那於偏殿，蓮花主位，供養先祖於西堂，冀沾大日光明，共除眾苦。仰藉彌陀願力，同住一龕，今則主位崇陞，用特虔修妙法一七天，真言念誦日三時，淨供敷陳，初九開壇，望日圓滿，合眾誠而藻祝，叩千葉之蓮臺，伏願……金手提携先祖登清涼之地。」

三月十六日。編撰及傳授《大聖準提尊略念誦法》、《七俱胝佛母準提陀羅尼念誦觀行供養儀軌》，篇末特別附誌，叮囑修持本法圓隆：「出堂後，可誦讀大乘、禮佛懺悔、或旋繞念佛、或靜坐觀想、或作諸福善，回向自他所修悉地，圓滿菩提也。所謂福善者，乃說法利人、布施濟眾、放生命、印經典、興教育、療疾病、救災難、濟貧窮、提倡社會之公益、調和家國之安寧，凡茲等事，乃人生應盡之義務，亦可助行人悉地之成就者也。」

春夏間（農曆三月）。師專心研究及編撰《毘沙門天供次第》手稿。

五月四日。於圓明精舍修持《不動明王供》，並加持御守。

五月九日，農曆四月初一日，日蝕。編撰《摩利支天供養念誦法》（未刊行），並於是日修法。

五月十九日。為圓明精舍學人馮省德淨女往生修法超渡，並傳授大佛頂首印明。

六月二日。聯同師母張阿闍梨率領居士林及圓明精舍道侶為往生弟子馮省德淨女三七之期禮拜《楞嚴懺》一堂，祈請「如來佛頂放光明而照徹中陰，神變咒心現法力而除其細惑，使其罪花凋謝，慧葉叢生，上生法王之家，引入金剛之族，圓成慧果，證無上之菩提，回入娑婆，度無邊之含識。」

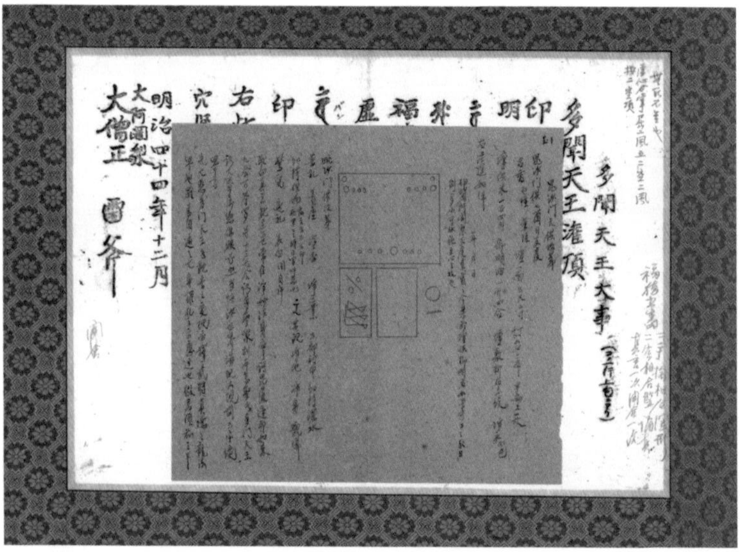

◆《毗沙門法》手稿

六月廿八日。是年大旱已滿九個月，民生苦困，草介不生，苦不堪言，乃領導居士林及圓明精舍弟子建立水壇代眾生而請雨，特編撰《水天菩薩供養法次第》及並眾修法廿一座（共十四天），持誦水天真言二百萬遍，祈求「眾龍王共顯神通，八部神同施法力。沛然下雨，傾盤而滿谷滿坑，輕拂和風，解慍而不除不疾，庶使三草二木，仗甘霖而眾綠叢生，萬眾群黎，沐恩波而解除煩渴，大顯真言之法力，普度群生，增長民眾之信心，皈依佛法。」

七月二十日。以前月祈雨修持圓滿後，「幸蒙佛聖加持，天龍護念，與大慈而感應，本弘願以不違闡揚密教之宗風，廣布真言之法乳，三七兩日，皆蒙甘露殊恩施，二七功圓竟獲滂沱大雨，雖未得池塘內遍滿，亦可使涸鮒重甦，德被群生，恩同再造。」於是再領居士林及圓明精舍弟子，續修法祈雨兩七天，圓滿二百萬遍真言，「伏望列聖垂慈，諸天感應，受我微供，鑒此愚衷，再降甘霖，大顯真言之法力，弘施法雨，宣流密教之宗風。淨水充滿於大潭，共得平等之甘露；法雨恩施於港地，同除熱惱之饑虛。種道樹之菩提，沾甘雨而發生慧果，泛慈航於苦海，得和風而覺岸同登。」

八月十六日。師為真言宗女居士林興工動土，編撰及修持《動土鎮地略作法》。

八月十九日，農曆七月十五日，佛歡喜日。重錄《菩提心戒義》及《弘法祖師遺誡》，託請紳商林鳳生居士書丹，備日後標懸女居士林大堂，昭示學人。

九月。於光明臺真言宗居士林地下開辦佛教光明學校。

九月十七日，農曆八月十五日，中秋節。師整編大傳法院流《金剛界護摩念誦次第》手稿本，並傳授予張阿闍梨。

求雨法會所用龍王畫像

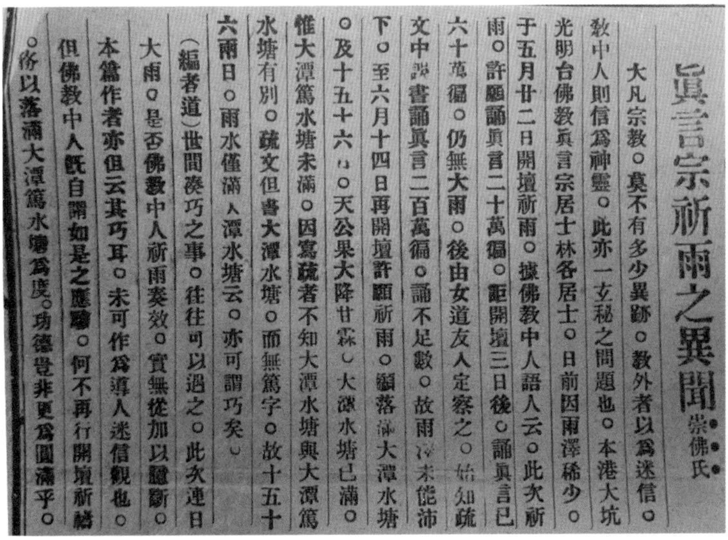

真言宗祈雨之異聞　崇佛氏

大凡宗教。莫不有多少異跡。教外者以為迷信。教中人則信為神靈。此亦一玄秘之問題也。本港大坑光明台佛教真言宗居士林各居士。日前因雨澤稀少。于五月廿二日開壇祈雨。據佛教中人語人云。此次祈雨。許願誦真言二十萬徧。距開壇三日後。誦真言已六十萬徧。仍無大雨。後由女道友人定察之。始知疏文中誤書誦真言二百萬徧。誦不足數。故雨澤未能沛下。至六月十四日再開壇許願祈雨。翻落淋大潭水塘。及十五十六日。天公果大降甘霖。大潭水塘已滿。惟大潭篤水塘未滿。因寫疏者不知大潭水塘與大潭篤水塘有別。疏文但書大潭水塘。而無篤字。故十五十六兩日。雨水僅滿大潭水塘云。亦可謂巧矣。

（編者道）世間湊巧之事。往往可以遇之。此次連日大雨。是否佛教中人祈雨奏效。實無從加以臆斷。本篇作者亦但云其巧耳。未可作為導人迷信觀也。但佛教中人既自謂如是之應驗。何不再行開壇祈禱。務以落滿大潭篤水塘為度。功德豈非更為圓滿乎。

報章報導求雨情況

十月十日，重陽節。率領弟子奉修《北斗星供》祈禱世界和平國泰民安。

十一月五日。師之壽辰。師母張阿闍梨率同居士林及圓明精舍弟子修持《葯師懺》，回向黎祖師長年住世，慧業廣增。

約是年。師以光明臺浣紗街大坑常有人溺水斃命，乃親書梵字及南無阿彌陀佛，並刻於碑石，豎於坑旁，藉佛力安撫亡靈。

是年。編撰及刊行《藥師留離光如來消災除難念誦儀軌》、《一字金輪佛頂尊要略念誦法》。

一九三零年庚午歲　五十九歲

一月。預備啟建《仁王經》法會，特別編修《仁王護國經般若大菩薩供所念誦儀》、《仁王護國般若經念誦次第》及《新訂放生儀軌法》。

大坑浣沙街「南無阿彌陀佛碑」

二月四日。領眾修持《仁王護國經般若大菩薩供所念誦儀》及《仁王護國般若經念誦次第》七天，祈求國界安穩，亡靈得度。

同日。刊行《新訂放生儀軌法》，並撰文宣弘護生之道，序云：「慈悲喜捨，平等自由，乃佛教之至理也。布施持戒，六度萬行，是菩薩之行門也。夫能與樂者謂之慈，能拔苦者謂之悲。觀一切眾生皆有佛性，故謂之平等。消除煩惱，斷惑證真，故謂之自由。布施則有法財之分，持戒則以止殺為首。六度萬行，河沙妙德，莫不皆由菩提心而生也。菩提心者，從大悲起，若一研究《金光明經·長者子流水品》亦可略知其梗概矣！長者子流水，以大乘菩薩，現居士身。世尊為述其行願因緣，所謂：博施濟眾，療諸疾苦，所以除身病者，行世間慈也。說法利生，破迷返覺，所以除心病者，行出世間慈也。夫行慈之法，若以財寶廣行利濟，固福德無邊。若不為說妙法，截生死流，則慈悲之道，未能究竟。大士流水，其知此矣。故於療疾作善之後，復廣行法施。法施之道有二：初則為說寶髻如來名號。後為開演十二緣生。緣生之法又有二：初說顯理，後持密咒。如是行願其道盡矣。是故眾生蒙惠，得病除而廣行善施。十千池魚，聞法益而報生天上，豈不盛歟？善政流風，傳於後世，而一般仁人義士，多有買物命而放生者。蓋惻隱之心，人皆有之。不忍其觳觫，無罪而就死地也。但徒放其生命，屬於財施，福德乃為有漏。曷若為其說佛法戒，免墮沉淪，則得福德不可思議。因此佛教行人，有《放生儀軌》之專書也。此書相傳已久，為南北禪林所通用。細閱其法則，蓋本於《金光明經》。惜乎重要之點，未有編入，如寶髻如來聖號，及〈十二因緣相應陀羅尼〉等是也。至於〈寶髻如來真言〉則載於

《大藏》，世罕流通。《金光明經》本有懺悔之文，又不列入，故此書未遵善本。今者應本林放生會之請，謹依密宗放生法本，增改之而成此編。先護淨作法，次淨地辦供，次啟請散花，供養讚嘆，代求懺悔，授以三皈，稱如來名，演說妙法。至於重要真言妙偈，亦次第加入。編訂既成，付諸印刷，公諸林友，以作行持。恭望廣為流通，多放生靈，推恩足以及禽獸。博施濟眾，功得普遍於羣生。將見去殺勝殘，進世界於和平之福。善功弘大，登天堂而長樂永康。再進而聖道精修，超出三有，功圓果滿，證大菩提。故放生之事，其始也，本發一念之慈悲。其至也。可莊嚴十方淨土，豈不重乎！是為序。」

三月十五日。師主持胎藏界毘盧遮那如來開眼作法。

四月。權田祖師來函。

五月六日，浴佛節。真言宗女居士林大樓工程完竣，行將開幕，先期迎請張圓明阿闍梨晉院擔當住職。師率同真言宗居士林林友趙士覲、梁濟恭、譚榮光、方養秋、馮達庵等數十人聯名送贈「女身成佛」匾額致賀。

同日。師為女居士林大雄寶殿題撰對聯：「龍女獻寶佛母加持一座瑜伽成正覺；鐵塔傳經金胎布教無邊福智益羣生。」並延請國民政府要員胡漢民書丹。

師另為女居士林內奉祠之林友祖先龕位撰聯：「生如來家入金剛族；登密嚴土得淨妙身。」

五月。權田祖師來函問候，並答謝送禮。

五月。女居士林行將開幕，得佛啟示修持《佛頂尊勝法》，特別編撰《大聖佛頂尊勝陀羅尼供養法》。為廣佈宣揚本法，另從《大藏經》中整輯相關經文，並撰〈重刊佛頂尊勝陀羅尼記〉、〈手寫陀羅尼梵字附小誌〉及〈附加說明〉三篇，合編成《佛頂尊勝陀羅尼梵漢合璧》。

六月廿六日，農曆六月初一日。為香港佛教真言宗女居士林落成開幕，領導修持《佛頂尊勝陀羅尼供養法》十五天。

七月一日。為女居士林落成安奉土地壇撰聯：「龍天聖眾同慈護；土地神祇增威光。」

七月二日，農曆六月初七日吉時。師主持香港佛教真言宗女居士林佛祟陞開眼作法。

七月十四日，農曆六月十九日，觀音菩薩誕。刊行《佛頂尊勝陀羅尼念誦儀軌》。

九月三十日。林友盧聖樑居士選於女居士林舉行婚禮，師任證婚人暨祝儀，並開示祝詞，亦為本港佛教事業之創舉。其〈證婚人訓詞〉云：

金風送暑，當天清氣爽之時；節近中秋，乃月滿團圓之象。良辰美景，瑞氣盈堂，金碧輝煌，親朋滿座。是日也，乃林友盧聖樑兄舉行結婚禮之日也，鄙人忝屬世誼，又為居士林友之一，登堂道喜，蒙主婚人邀作證婚者，觀其禮儀秩序表內第□欵有「證婚人致訓詞」一節。「訓詞」二字，則吾豈敢。但聖樑兄為居士林友，既屬同堂學佛，本該有互相勸勉之道，故今畧述数語，以作提撕警覺云耳。夫佛者，覺也。即一切時，一切事，皆當惺惺常覺，了知自心，不為物欲所迷之謂也。古哲有云：前念迷則凡夫，後念悟即佛故，若能破迷返覺，則人人皆可作佛也。然行遠自邇，吾人學佛必先盡人道，始若不知人之以為人，則焉知佛之為佛？如我等今世既得人身，對於所處之環境，須知從因果以得來，若何者為我之父母親朋、何者為我之根身國土，皆有前因。故對於身，對於物，對於家，對於國，皆有一定條理、一定之責任，必遵其正軌以實行之、莊嚴之，以盡完全之人格。故《佛說萬行莊嚴王經》中列出立身處世之法有数百條，皆所當學，但推原其大綱則以五戒十善為本。而諸般戒善則以一心為本，苟能發菩提心，遵持戒善，行正軌以立身處世，則自得具足之人格耳。今日聖樑兄結婚日，俗語謂之「成人」，深望其於人格二字，達到成全之目的，如對於慈母長兄能盡尊敬孝養之道、對於夫妻眷屬，則互相扶持愛護，誠實不欺；對於幼弟，則友愛提攜，遵於正軌，端身修德，為家族之良謨。潔己奉公，作社會之良範。將來為人父、為人母、為人祖，為後生之先覺。慈悲及物，戒品律身，盛德充實，瑞氣盈門，將見福壽康寧，室家安慶，千祥雲集，五世其昌矣。再進而精修定慧，普濟群生，作菩薩之行為，成即身之佛果。今日一雙夫婦，為鸞鳳之和諧；

他年九品花開，作蓮池之眷屬。前程遠大，可為預賀。古哲云：「諸佛在世間，不離世間覺。」又云：「三世諸佛人中出」蓋入世間法，即出世間法之基礎也。儒書亦云：「君子道，造端乎夫婦，及其至也，察夫天地。」願二位新郎新婦，勉之勉之。賀賀。

在本月或以前。師向居士林弟子梁濟恭、歐陽藻裳、趙見機傳授阿闍梨位。

九月三十日。廈門周醒南居士來函感謝師派遣三位阿闍梨弟子到廈門為周太夫人連續修法，使得病痛消滅，並請求接納入林。又提及延請師到廈門，願全力支持在虎溪巖開辦真言宗男女居士林為分院等事。

十月四日。有善信譚灼南居士罹患眼疾，屢醫不癒，求師幫助。師指派弟子趙見機阿闍梨在居士林修持《不動明王法》、《文殊師利菩薩法》及《施食法》七天，並持誦「淨眼真言」一百萬遍，「俾得清除業障，眼目復明」。師又倡印《佛說能淨一切眼疾陀羅尼經》二百本，與眾結緣。

事後，「譚道友之目疾亦法效大著，據云由居士林望九龍之山，亦歷歷分明。」

十月十日。師整輯《大毗盧遮那成佛神變加持經略示七支念誦隨行法》，撰序言云：

「此名七支念誦，乃唐不空大師所譯，為脩真言行者最簡便之法也。行人若因事緣，不能辦供結壇，如在舟車旅舍之中，則可依此作觀脩習，勤策無間，亦能廣集福慧，乃至成就佛果。唯必須訶欲棄蓋，發菩提心，則悉地自易成就。若有能力機緣，可以備辦香花六供，莊嚴壇所，則不可因陋就簡，務宜廣脩事供，眾善奉行，以昭誠敬，用報四恩，方合脩行規矩也。茲將此法之印明事相，謹列於後，願有志之士，依之脩習，求佛加被，斷惑證真。又願以此功德，普供養兩部大日如來，諸尊聖眾，回向法界，普潤有情，同登密嚴淨土。」

十月十七日。弟子馮重熙來函，提及於廈門虎溪巖妙釋寺創辦佛教圖書館，兼辦佛經流通處，欲藉此機緣組織念佛會，接引信徒，特請示黎祖師意見。

十月廿二日，農曆九月初一日。編訂「北斗供壇圖」修供，又重印《北斗消災延壽經》，並撰跋文云：「大藏經密部。有佛說北星延命經。乃唐婆羅門僧携來者。其譯文則不若此經通暢。惟其意則大同。至云。北斗七星為七佛之化身。密教儀軌常有引證。但此經文意。多說順世導俗之言。深明佛理者。自知世尊度世之婆心也。至若禮誦此經者。必須淨室結壇。如法供養。行人當齋戒沐浴。着淨衣服。方可入壇行道。否則無益，因經中有云。布燈如斗。淨水香花。專心供養。虔誠祈禱。心無間斷。兼持齋戒等語。故凡禮誦此經者。當依此行持。方為如法。願諸行人。須留意焉。民國十九年歲次庚午九月朔日一居士謹白」

十月廿二日。為居士林新塑文殊菩薩像作開眼作法。

十月廿三日。弟子馮重熙再來函請示，建議在廈門籌辦「廈門佛教蓮宗居士林」，作為香港真言宗居士林在廈門設分林之先聲。

十一月三日。修書覆函廈門周醒南居士，讚嘆其發願在廈門建立密壇之弘願，藉機接引外道信徒棄乩入佛，修持正法。

十一月四日。弟子馮重熙第三度來函，請求師及張師母親赴廈門，督導建立密壇。

十一月七日。師覆示派遣梁濟恭、趙見機兩阿闍梨弟子為代表到廈門主持皈依及習法，又指令在廈弟子先修《胎藏法》一百堂，再行前赴主持授戒灌頂。

十一月十八日。兩林弟子為師六秩壽辰預修《不動明王大法》、不動明王慈救真言五萬遍，《藥師如來真言》及《無量壽如來供養法》七天，並助印《北斗消災延壽經》、廣作超幽、放生等功德，以回向師壽綿長，法緣隆盛。

十一月下旬（農曆十月）。師發起捐印《大毗盧遮那成佛神變加持經入真言住心品》，又名《大日經住心品》，與眾結緣。

十一月廿四日，農曆十月初五日。師六秩華誕，將自編撰之《依十八道立不動尊供養念誦法次第》、《大日經略示七支念誦隨行法》刊行。

十一月廿四日，農曆十月初五日。兩林弟子為慶賀祖師六秩華誕壽辰，集會共修，同獻蕪詞，云：「我密宗衣鉢，日就淩夷，第四十九傳阿闍梨乙真法師愸然憂之，苦心孤詣，東渡日本，學法於權田雷斧大僧正。大阿闍梨授傳法灌頂，回國後組創男、女兩居士林於香港，上續密教心燈，普渡眾生，皈依三寶，宏願毅力，並世罕儔。弟子等心悅誠服，非一日矣。茲值阿闍梨六十初度之辰，謹獻蕪詞，同伸辦祝：

魯有聖人　六十耳順　聲入心通　無所疑問
儒道釋宗　同茲精進　惟我法師　壁立千仞
闡揚密宗　具大宏願　東走扶桑　大法以擴
墜緒尋求　萬殊一貫　乘願再來　法輪廣運
渡世慈航　誕先登岸　花甲方周　精神泮奐
法力湛深　純金百鍊　把臂入林　自慚根鈍
幸庇慈雲　誠歡誠忭　介壽稱觴　追陪清燕
願祝無疆　金剛壽算　佛教真言　長承懿訓

香港佛教真言宗居士林眾弟子謹祝」

又女居士林林友敬辭兩則。

其一

恭賀法師　壽命無量　福慧日增　地久天長

宏揚大法　伏魔驅障　天人導師　密宗棟樑

其二

恭祝師傅　壽同金剛　無垢示現　佛法升堂

闡揚三密　祖印重光　慈悲喜捨　救世願王

是日。兩林弟子，各界士紳惠贈壽禮，以賀師六秩大壽之慶：

弟子方養秋居士率家眷十人，恭誦《阿彌陀經》一部，彌陀聖號一萬聲及光明真言一千遍并各項功德，以此功德回向師壽無疆，並獻祝詞：

精神矍鑠　住世萬年　中國密法　唯師能揚

普度眾生　念切心堅　發聾振聵　我宗獨長

又

林友趙浩公、盧鎮寰恭繪兩祖師法相，並配對聯，允稱莊嚴。

又

陸灼文題撰壽聯，云：「華甲一周成壽者相；蓮臺三寶度世間人。」附誌：「乙真阿闍梨組創佛教真言宗居士林，續密教心燈，志在普度眾生，皈依三寶，毅力宏願，均所欽佩。茲值六十初度芳辰，敬撰聯語壽之。庚午小陽月朔後一日，書於無量壽佛堂之長春館。古岡州七十老人陸灼文廷昌氏拜祝。」

又

弟子梁重愷、沈文興、胡津霖題贈「無量壽佛」卷軸。

又

弟子崔寂法贈送「群僊祝壽圖」卷軸。

又

女居士林眾弟子及眷屬

郭定理　郭養明　周婉卿　石覺滿　關坤載　鄭閏嬌

周舜貞　趙陳連　陳靜嫻　趙顏愛　馮瑞屏　趙顏之

馮玉珍　黎瑞瑞　謝竺茜　陳佩琼　劉　慧　李佩鏘

余　修　陳賜清　黃彥華　董圓玉　李佩瑜　鄭　英
李三昧　廖惠莊　黎瓔珞　梁氏嫚　張仲明　曾勤慧
尤妙玄　崔寂法　黎信婷　王慧女　葉秀珍　陳節貞
黃弘琼　張麗貞　梁翠心　黃貞福　吳慧池　龐貴珍
蔡艮京　馬志信　羅　順　方慧淨　陳竹生　方慧華
黃月生　方慧賢　阮慧光　方慧珍　梁妙心　馮鳳顏
何淑貞　馮鳳肩　鄧杏華　黎漢卿　利玩華　章友雪
劉伯英　譚藻馨　張拱壁　譚聖聞　林福琼　梁娜端
陳麗如　鄭松森　郭徽賢　何　金　陳昌淑　麥善泰
林瑞梅　黃惠寬　王光慧　岑燕卿　蔡德真　盧練貴

伍珍佩　謝貴華　陳至妙　姚寶珍　陳修德　盧淑珍

聯名贈送香木壽屏一座。

又

歐陽逢伯鑄贈銅鐘一口，刻誌銘文：「佛教真言宗居士林乙真阿闍梨六十壽辰紀慶　庚午十月初五歐陽逢伯敬祝」賀壽。

一九三一年辛未歲　六十歲

春。師將一九二七年刊發之《十八道念誦次第》寄呈權田祖師批鑒。頃接祖師覆函及硃筆批改本。師即籌策修訂。

編定《聖觀音自在菩薩開眼作法》。

二月。親書大聖不動明王四大弘誓，警示後學：

◆ 歐陽逢伯居士贈送銅鐘賀壽

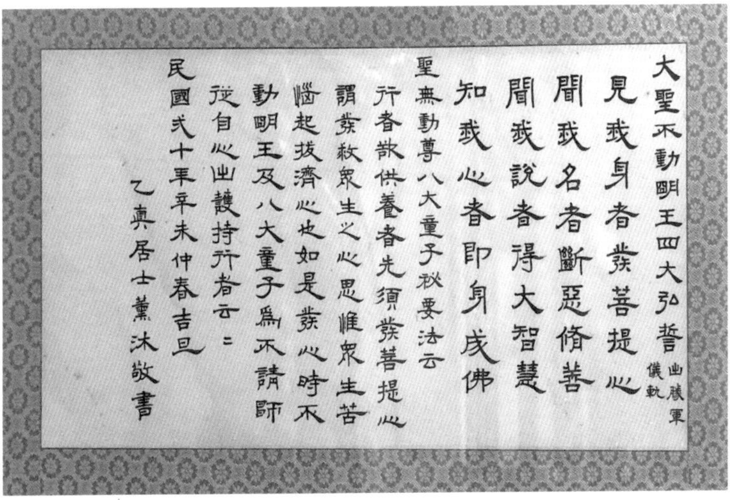
大聖不動明王四大弘誓出勝軍儀軌
見我身者發菩提心
聞我名者斷惡修善
聞我說者得大智慧
知我心者即身成佛
聖無動尊八大童子秘要法云
行者敬供養者先須發菩提心
謂發救衆生之心思惟衆生苦
惱起拔濟心也如是發心時不
動明王及八大童子為不請師
從自心出護持行者云云
民國弍十年辛未仲春吉旦
乙真居士薰沐敬書

◆ 黎大阿闍梨親書〈不動明王四大弘誓〉

大聖不動明王四大弘誓出勝軍儀軌

見我身者發菩提心

聞我名者斷惡修善

聞我說者得大智慧

知我心者即身成佛

聖無動尊八大童子秘要法云：行者欲供養者，先須發菩提心。謂發救衆生之心，思惟衆生苦惱，起拔濟心也。如是發心時，不動明王及八大童子爲不請師，從自心出，護持行者云

民國弍十年辛未仲春吉旦

乙真居士薰沐敬書

春。籌備舉行光明真言法會，特編訂《光明真言供所念誦課本》、《大毘盧遮那佛光明真言法》（光明真言供養法）。另刊行《毘盧遮那佛說金剛頂經光明真言儀軌（節錄不空羂索神變真言經灌頂真言成就品》）。三項經本皆於二月二十日印行。

二月二十日，農曆正月初四日。師感「國事則飄搖厄困，壇場則燈焰暗微，人民則道德淪亡，教務則內憂外患。非仗淨光普照，曷能陰氣潛消？」特別發起修持《光明真言供養法》，領眾修持七天，同時加持經被及土砂。藉此功德祈請十方賢聖「加持世界令寰宇得享昇平；加持土砂令亡者脫諸罪報；加持真言經被蓋者出生天；加持弟子自身增長大福慧乘法會無上勝因附薦先靈求生淨土。」

四月六日，農曆二月十九日，觀音菩薩誕。編成《聖觀音菩薩供養念誦法》。

五月。香港佛教真言宗女居士林舉行第一期灌頂法會。

五月十日。師登壇為諸弟子傳授三昧耶戒。

五月十二日。師傳授胎藏界灌頂，共廿七人領受。

五月廿四日，農曆四月初八日，浴佛節。一連五天，師再登壇傳授胎藏界灌頂。合六天受灌頂人數共一百三十五人，當中五十一人專程由廣州來港求法。

受法弟子聯名贈送「醍醐上味」匾額，以為紀念。

五月廿四日，農曆四月初八日，浴佛節。印行日本原版大傳法院流之《十八道次第》。

十月。師感兩林弟子與日俱增，而本宗以「十八道法」為門檻基根所在，年初後得權田祖師親筆指導，理宜深刻研究，著手修訂《十八道念誦次第》（儀軌）。為便弟子能深解當中義理，另錄撰《十八道法略解》。

十一月十四日，十月初五日。兩林弟子為師六秩晉一壽辰修持十八道法，並施放生口

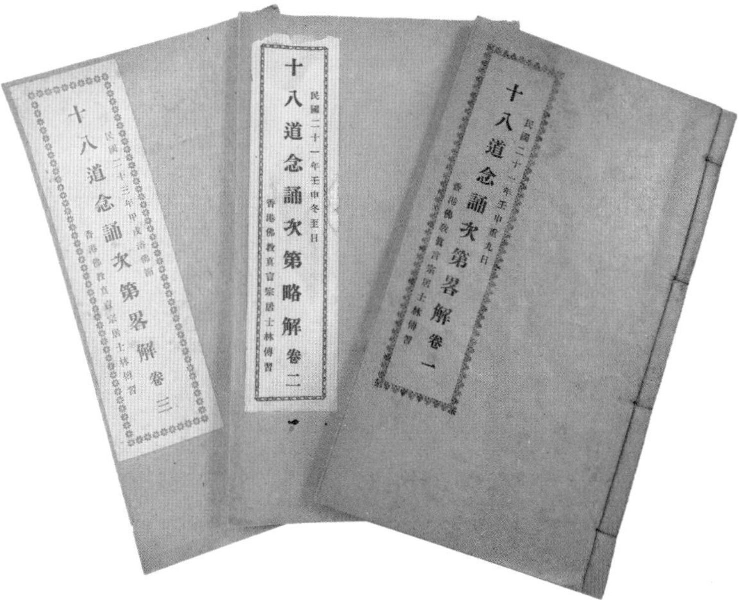

◈ 編撰《十八道念誦次第畧解》全套

及餓鬼，回向祖師金剛壽命，晝夜吉祥。

十一月十四日。帥銘初居士繪贈山水畫，祝賀師「無量壽」。

十二月三十一日。廣州六榕寺解行精舍密壇落成，請師前往主持開幕功德，信徒特別修法七天，上宣疏表，祈請黎祖師旅程無礙。其表云：「伏以慧日重光，大啟南天之鉄塔；法幢高樹，宏揚東密之家風。竭誠懇之私衷，代眾生而祈禱。茲有娑婆世界南贍部洲中華民國廣州市佛教解行學社，眾真言宗社友等，謹為社中密壇落成安奉佛像，謹修供作法，以祈香港佛教真言宗居士林法師　黎乙真阿闍梨暨男女林友莅省，舉行開幕功德事。謹於民國廿年十二月三十一日開壇，修法七天，謹具表文上白　真言教主三世常住淨妙法身摩訶毘盧遮那如來；兩部界會諸尊聖眾，十方法界諸佛菩薩護法大天等座前。竊以本社創設已歷寒暑，特建密壇專修妙法。仰藉　佛聖之殊恩，又感檀那之惠澤。法堂高廣，同瞻大日之天；道侶眾多，共仰慈雲之蔭。　黎大阿闍梨得法東瀛，道脉遠接於南天；開壇香海，法乳反哺於東土。布教六載，成立兩林，道侶雲從，法鼓風動，功德之大，炳為日月。伏望　列聖垂慈憐憫愚誠而護念，法師感極不捨大願以降臨，開慧眼以遍照眾生，運神光而加持法界。庶仗法師之妙舌，廣開眾信之心蓮。念誦真言之神功，潛消有情之煩惱，莊嚴性空法界，成立廣大道場，大闡密教之宗風，普度羣生於覺岸。誠惶誠恐，謹表上白。恭望鴻慈，俯垂洞鑒。時維民國廿年歲次十二月三十一日。文表具呈亦恆樂先生。」

冬。師應廣州六榕寺解行精舍密壇信友邀請弘法，特為之編撰多部法要手稿，包括：《兩界畫像開眼作法》、《奉佛崇陛開眼作法》、《作壇略作法念誦次第》、《不動尊開眼作法》、《文殊師利菩薩開眼作法》等。後以因緣不就未有成行，稿本留待他日使用。

一九三二年壬申歲　六十一歲

一月八日。日本新義真言宗豐山派總本山長谷寺六十六代住職小林正盛大僧正寄贈賀年卡，並贈《近畿遊案內圖》。

元月。為林友何淑貞編《阿彌陀佛開眼作法儀式》並於女林傳授講述。

春。上海「一二八事變」爆發後，師匯款捐助軍糧予十九軍。蔣光鼎將軍、蔡廷鍇將軍簽發感謝狀褒揚。

三月十日，農曆二月初四日。將新訂正之「十八道儀軌」刊作《十八道念誦次第作法事相》，由師母張阿闍梨助印，供兩林弟子修持之用。

三月廿八日。師整編《彌勒菩薩供養法》。林友張谷雛繪畫彌勒佛像一尊結緣。

五月九日，農曆四月四日，文殊菩薩誕。編訂《本尊供養念誦法門》作為修持本尊法之通用法本。以是日文殊誕期，匯入本尊印咒編成《文殊師利菩薩供養念誦法次第》。

五月十三日，農曆四月初八日，浴佛節。編訂《釋迦如來供養念誦法次第》，並於居士林傳授。

五月。將《摩利支天供養念誦法》手稿增訂刊行，並修持本法。

六月廿一日。沽出九龍城華芳園四個地段。資金轉作弘法之用。

七月三日。為紳商胡禧堂及胡百祿父子往生修法，編定《靈供作法》（手稿，未刊），及後又名《地天菩薩作壇法儀式》。

七月十八日。師撰成《彌勒菩薩供養法之研究》手稿（未刊）。

七月廿二日，農曆六月十九日，觀音菩薩誕。林友黃彥華因病苦纏擾，師為其編成

《大隨求菩薩供養念誦法次第》，並傳授予修習。同年中秋，黃君病患漸癒，發心助印法本，贈送兩林林友。

七月三十一日。「因本埠霖雨滂沱，各處雨水為災，師為布教是邦，敬為生民祈禱。」領導居士林信眾修法持誦止風雨陀羅尼，「伏望，佛慈加護，天力冥資，庶使風雨及時，人民安樂。」

秋。依《本尊供養念誦法門》編成《彌勒菩薩供養念誦法次第》。

九月十一日。一連三天，主持女居士林第二期傳戒及胎藏界灌頂法會，共六十八人受灌。

十月八日，農曆九月初九日，重陽節。印行《十八道念誦次第略解（一）》並於女林作講解傳授。內文「乃節錄王譯權田大師所著之《私勘》，及淨嚴大師所著之《秘

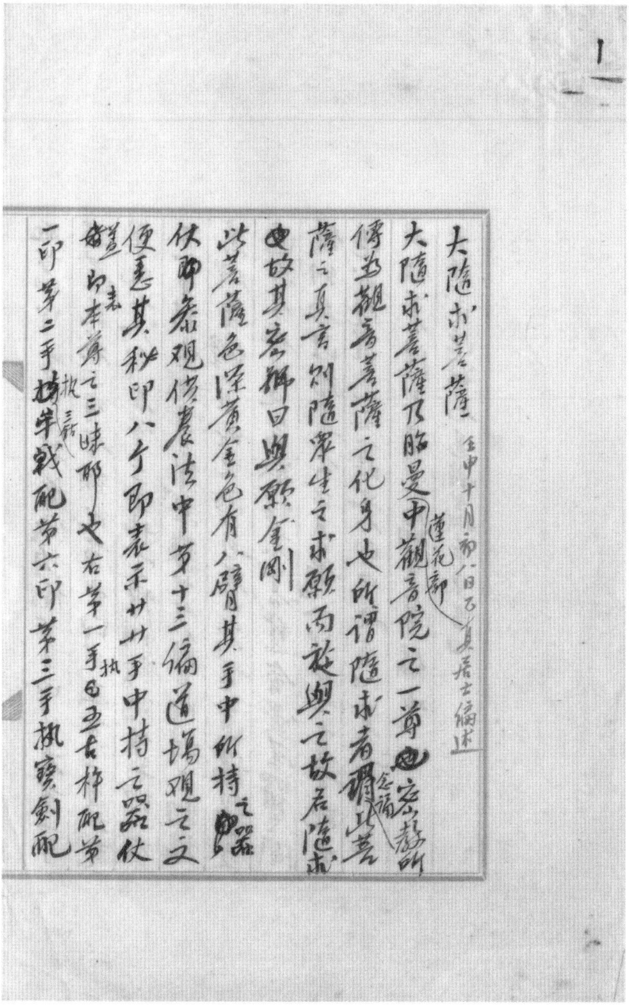

大隨求菩薩　壬申十月初八日乙真居士編述

大隨求菩薩乃胎曼中觀音院（蓮花部）之一尊也密號所
傳為觀音菩薩之化身也所謂隨求者謂此菩
薩之真言則隨眾生之求願而施與之故名隨求
也故其密號曰與願金剛
此菩薩色深黃金色有八臂其手中所持之器
仗即為現代表法中第十三編道場觀之文
便悉其秘印八手即表示此八手中持之器仗
等表印本尊之三昧耶也右第一手執五古杵配第
一印第二手執三鈷戟配第六印第三手執寶劍配

◆《大隨求菩薩次第》手稿

記》而成本書。間有採取各儀軌之理論者，皆一一注於書首，以免閱者謂竊掠之譏，論者謂杜撰之誚也。若有參以鄙見者，則加以「私意」二字別之。」另附錄師撰之〈十八道次第之名義畧解〉及〈真言宗修行與知〉，供弟子如理解讀。

同日。師為傳授灌頂，特別整編《金剛界傳法灌頂作法》，又抄錄權田祖師年前所贈《略金剛界次第》。

十月十八日，農曆九月十九日。師抄錄〈傳法灌頂入壇儀式〉一份，授予張阿闍梨。

十月廿日，農曆九月廿一日。主持女居士林第一次金剛界灌頂，共廿六人受灌。

十月廿五日。主持女居士林第三期傳戒及胎藏界灌頂法會，共四人受灌。

十月廿八日。一連六日，傳授金剛界灌頂，合共九十六人受灌。

十一月二日。弟子帥銘初居士題撰「金粟真身如來見象；無量壽佛最上乘禪。」卷軸，祝賀師之壽辰。

十一月三日。為一名弟子授胎藏界灌頂。

十一月五日。編述《散念誦諸真言要義畧解》。

是日。收到廣州弟子史荷清來函，致送壽辰賀禮。

十一月十三日。購入東方小祇園兩股股份，支持倡導素食。

十二月廿二日，冬至日。續編之《十八道念誦次第略解（二）》刊行。

十二月十四日，農曆十一月十七日，彌陀佛誕。師編訂《六字洪名觀念法門》，並率弟子入壇修法一天。

十二月廿五日。師率弟子奉修《六字洪名觀念法門》一堂，祈禱國泰民安，淨土之門大闡。

冬季。師著手研究「大元帥法」，開筆抄寫墨字，編成《秘大元帥供養念誦儀軌》初稿（手稿，未刊本）。

是年。弟子龔日初居士題撰經句呈師印可（品評）。文云：「真如用者，所謂諸佛如來，本在因地，發大慈悲，修諸波羅蜜，攝化眾生，立大誓願盡欲度脫，尋眾生界，亦不限劫數，盡於未來，以取一切眾生為己身故。」

一九三三年癸酉歲　六十二歲

師專函呈示權田祖師，代弟子請示傳法灌頂事情。

一月廿六日。廣州弟子羅雲舫居士自設佛壇，來函邀請師與師母前往加持。

農曆正月。師編撰《入我我入觀字輪觀註解》。

春。為五位居士主持《文殊菩薩開眼作法》，將法本結集成書。又傳授《本尊供養念誦法》。

四月七日。率眾奉修《光明真言供養法》七天，回向「佛法久住，利益人天，兼為大地眾生祈求和平幸福，乘此良因，超度一切兵燹被難冤魂，及林友過去先靈，往生淨域。」

五月二日，農曆四月初八日，浴佛節。一連兩日，在女居士林舉行第四期胎藏界灌頂法會，共三十人受灌。

五月四日，續作第二期金剛界灌頂，共九人入壇受灌。

五月廿八日，農曆五月初五日，端午節。師依《本尊供養念誦法》編成《降三世明王供養念誦法次第》。

孟夏（農曆四月）。師依《本尊供養念誦法》編成《虛空藏菩薩法》。

約六月。林友張谷雛、李鳳公合繪「達摩參禪圖」卷軸，贈師收藏。

八月廿六日。弟子陳煒樞居士從南京來函問安及請益問法。

秋。編撰《千手千眼觀世音菩薩尊形及手眼之研究》，另附〈二十八眾略解〉。

九月三日，農曆七月十四日。師依《本尊供養念誦法》編成《地藏菩薩供養念誦法次第》及《水月觀世音菩薩供養念誦法》，印單行本傳授兩林弟子。

十一月（農曆十月）。林友羅雲舫居士贈送清代御筆「福」字額，「謹献呈乙真大法師，敬祝福壽無疆。」

十月三十一日。權田祖師來函談及在香港建立「密教傳燈之石（碑）」。另贈「雨雨風風皆悉實相」之題字。

十二月。廣東李漢魂將軍發起復修韶關南華寺，專函請師給予支持。

十二月。匯款接濟廣州弟子汪鐵生居士作療病生活。

是年。為林友何海鏡老居士，因年老未能奉修本尊供養法，特別編撰《念誦常課》贈供修習。

約本年。草撰《不動明王供養念誦法口訣》（未刊）。

一九三四年甲戌歲　六十三歲

一月八日。率眾修持《光明真言供養法》七天，並加持經被。

二月七日。祖師權田雷斧大僧正圓寂。

二月廿八日，農曆正月十五日。師率弟子眾等奉修不動明王真言七天，祈求本尊加持眾人「身心清淨，除結縛而堅固修行；福慧加增，度群生而無諸障碍。建道場於處處，善友雲來；結善果之纍纍，法才具足。兩堂眾信悉地早成，人民登衽席之安，國界享和平之福。」

初春。因權田祖師圓寂，特別以《通用本尊念誦儀軌次第》編修《般若理趣經供養念誦法次第》並傳授兩林弟子。

春。撰寫《聖無動尊經法拾要》（手稿，未刊）並向弟子講解。事後，交弟子譚佩芝抄錄副本。

三月廿日，農曆二月初六日。為馮鄭天然修此法，重刊《靈供作法》。

四月。師滙款護持日本總本山長谷寺之「弘法大師一千百年御遠忌大法會」。

四月十日。師率領兩林弟子奉修《理趣經法》九日，並捐印《般若波羅密多理趣品》一百本，祈願「佛法久住，利益人天。又回向本師圓滿福智，果證菩提。法界眾生，同生淨土。」

◆ 兩居士林舉行權田祖師追悼法會

四月廿三日。為林友鄺明居士壽堂往生禮，特別編撰《火葬禮儀》，開本地市區華人佛教徒之先河。

〈火葬禮儀演辭〉

民國廿三年四月廿三陰曆甲戌三月初十日乙真居士講

在場列位諸君，今日為佛教真言宗居士林林友鄺明道兄為其令壽堂，鄺伯母陳太夫人西赴蓮邦，遵依佛教儀式，舉行火葬典禮，至隆重也。承鄺明兄及其家人命弟輩為舉火之職，弟與他等多年道友，義不容辭，獨自問道德淺鮮，觀門未徹，雖謹慎持事，仍恐有負鄺明兄一點孝思耳！今弟不才，獻吓醜，畧講幾句，但所恐者，一不能表揚鄺伯母之美德，又恐有諸多不如法之處，望在場諸君及諸山大德垂慈指教，實所深幸。弟與鄺明兄，忝屬多年道友，時相過從，故此位老伯母之品德亦畧知其一二，今畧陳之。老伯母宅心仁厚，溫良恭儉，其生平之德性，在場諸親友多有知之者，無庸多述。至於鄺明之為人，乃多年皈依三寶，持戒修善，寡言笑，重交情，其人之良善，久為社會所重。其在家能盡孝養之職，在居士林則為忠信不移之友，如此之良好善果，皆是老伯母教子有義方所致。老伯母之自身，又能戒殺行善，勤念彌陀，此所謂盡世間之能事矣。至於其女若聰若男，女少孫等，皆是皈依三寶，稟教修行，人無閒言，一堂雍睦，故此老伯母年登耄耋，僥膝兒孫，至於臨命終時，更現一種好境象，偶沾微恙，不過數天，無呻吟痛苦之慘狀，心境寂然，壽終正寢，五福全歸，於人世間無有遺憾之□□。佛經所謂：「如是作，如是因，如是緣，如是果，如是報。」此說詢不誣也。

至及大葬之若事若理，今亦畧講幾句。夫人之一身皆是，地、水、火、風、空、識之六大合組而成，由人類以至飛潛動植，日月星辰，山河大地，莫不由此六大所組織。人之生也，從因緣組合此六大而生。人之死也，亦以因緣解散此六大故死。不可思議，如幻如幻，故古德云：「因因緣和合，虛妄有生。因緣別離，虛妄有死。性真常，本無生死去來之相。」若能看透，則所謂證此如幻不可思議解脫法門也。是故人之死也，堅者歸土，潤者歸於水，煖者歸於火，氣息歸於風。故此各處葬儀有土、火、水、風之不同，此不過表示一種還原之理而已。至如我國有以土葬而求遺體有福蔭後人之能力者，此乃迷信之一種耳。若講到六大中之識大，即吾人現前之一念耳。至於死後有謂：為中陰、為鬼、為靈魂、為精神。又謂：上天堂享福、落地獄受苦，以至轉生，披毛披戴角，種種幻相，難以盡述，今前事且置，單問此老伯母之神識究竟在於何處？諸君試舉請下。一轉語（良久云）：彌陀接引超三界，西方淨土白蓮開，請大眾同唱，十念南無阿彌陀佛。畢。發願云：願生西方淨土中云云。」

五月廿日，農曆四月初八日，浴佛節。師續編之《十八道念誦次第略解（三）》圓滿刊行。

秋。師親題墨寶，贈賀書法名家馮師韓先生六十大壽。

十月二日。馮師韓先生題撰篆書聯句：「引水挹山光蔚一片赤城霞氣；開簾供野趣栽四時玄圃僊華。」之卷軸回謝。

冬。親書梵字〈佛頂尊勝心秘寶陀羅尼〉、〈金光明陀羅尼及眾生成佛真言〉、〈四恩真言〉、〈父母成佛真言〉及持戒警語，製成匾額，高懸林中，警示後學。

十一月十一日。師壽辰，捐資刊印《金剛頂瑜伽中發阿耨多羅三藐三菩提論》與眾結緣，並回向功德，回向權田祖師福智莊嚴，行願圓滿。

十一月十六日。南京弟子葉毅民來函問法及請示在南京毗盧寺設密壇震興密法事宜。

十一月廿四日。申時，成立「聖無動尊信行會」。

一九三五年乙亥歲　六十四歲

一月十三日，農曆十二月初九日。師在女居士林傳授《水月觀世音菩薩供養念誦法》。

春。師傳授「略念誦法」並著手編訂《略念誦法解略》。

二月廿三日。編撰《安靈供養念誦法》。

三月。日本長谷寺化主小林正盛大僧正來函問候。師覆函互致平安。

三月廿七日。主持馮鄭天然女居士入龕禮儀。

四月四日。師應請為婚禮致辭。

〈婚禮講辭〉

民國廿四年，歲次乙亥春，三月初二日，係好友徐創中先生之令姪偉培公子，與道友潘賢達兄之令媛慧子小姐，在於六國禮堂舉行結婚大典。是日也，風光明媚，花笑鳥歌，禮堂之內，親朋滿座，瑞氣盈庭，皆大歡喜。弟輩知交有素，登堂道賀，又蒙兩位主婚，委弟作婚證人。弟輩忝屬世誼，又兼道友，是故義不容辭。惜乎弟學淺才疏，所謂致訓辭，則吾豈敢！今不過勉講幾句，以作為頌為禱而已。記得《易經》有話：「一陰一陽之謂道。」

陰陽之道，即天地之道也。天地陰陽之道，配於人則為男女，有男女然後有夫婦，有夫婦然後有父子，聚父子夫婦而成家族，聚多數家族而成國，此係我中華數千年來立國之組織。如是如是儒書有話：「一家仁，一國興仁。一家讓，一國興讓。」又云：「欲治其國者，必先齊其家。欲齊家者，必先修其身。欲修其身者，必正其心。欲正其心者，必先誠其意，是故修齊治平之學，必以「誠」字為始。今講夫婦之道，亦必以一「誠」字為歸依。誠者，真實無妄，本乎良心，不自欺，亦不欺人，是謂之誠。此為夫婦之相處，彼此做事，不以真心相待，所作所為，互相欺偽，則良心必不安寧，將來養育子女，相習成風，家必不齊。一家如此，多家如是，則罪業叢生，推廣之而成五濁惡世矣。今日世界邪說烽起，人欲橫流，倫理五常，幾乎視為廢物，所以感召惡果，天災人禍，民不聊生，有心世道者，莫不深為嘆惜也！今望此一對新人，將來能盡夫夫婦婦之道，以身作則，立身行道，為社會之良模；教子義方，得齊家之善果夫。如是，則今日弟等，登堂道喜，不特為徐潘兩姓之賀，實為中華民國前途之賀也。故儒書又云：「君子道造，端乎夫婦，及其至也。」察乎天地，此誠非虛語。偉培世兄、慧子女士，兩位皆飽讀詩書，此等陳舊議論，料必知之有素，但須知行合一，方為有用。兩位今日成人之始，建立新家庭，望實踐躬行，對於家、對於國，皆以倫理道生為歸依，則將來必昌大門庭，子孝孫賢，培植偉大之事業，福緣善慶，成就人天之慧果，《妙法蓮華經》云：「如是性，乃至究竟本末等。」蓋因果之律，一定不易也。望兩位不以鄙言為河漢，幸甚幸甚。謹獻蕪詞，為頌為禱。

五月十日，農曆四月初八日，浴佛節。刊行《略念誦法解略》及《略念誦法行道及草草時念誦法》，附記云：「乙亥歲春月吉旦。傳授此略念誦法已，并將諸師解釋此法之理論，及印明釋義等，纂合成書，付梓并為林友演講一過。庶使解行雙運，直證密嚴。又願以此功德，回向歷代祖師及先師權田大僧正，福智圓滿，萬德莊嚴。」

十一月廿四日，農曆十月廿九日，再印《金剛頂瑜伽中發阿耨多羅三藐三菩提心論》。

一九三六年丙子歲　六十五歲

六月一日。師蒙佛默示，弘傳大元帥法，遂將年前編訂之《秘大元帥供養念誦儀軌》初稿再加研究，歷數十日，成書三冊，次第傳授。

七月廿四日。於女林六週年林慶印行《阿吒薄俱元帥大將上佛陀羅尼經儀軌節錄・無邊神力甘露大陀羅尼心咒心中心結護神咒》，即「大元帥法系列」之第一冊。

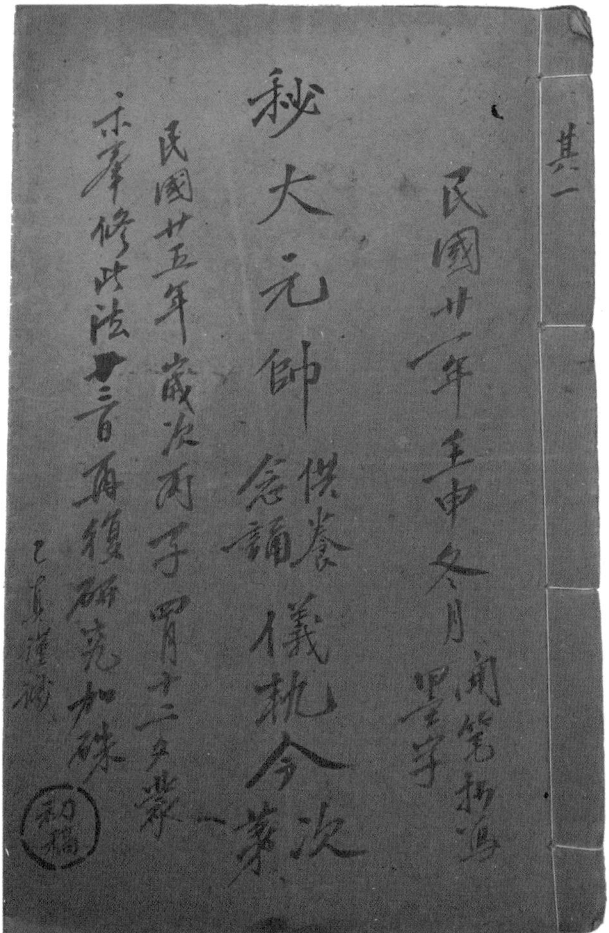

◆《秘大元帥供養念誦儀軌次第》

〈大元帥經法傳承之緣起〉

大元帥經軌載於密藏，有十餘種。此外散見諸經，論其威德力用，復有多部，茲不贅述。至其儀軌之授受，則以常曉律師為正傳也。曉師本為小栗栖道旁之棄子，為人拾養，稍長出家，師事元興寺豐安大德。學三論業，嘗於秋篠祈願，後夜供養，在阿伽井汲水時，此尊六面八臂，影現水中，師驚駭不已，遂繪其像，未識何尊，於是志切入唐，尋求法要。於日本承和三年，隨使臣入唐抵淮南，禮華林寺大德元照座主，學習三論。又拜棲靈寺大阿闍梨文璨和尚為師主，始學法儀。文璨師為不空三藏之弟子，兼慧應阿闍梨之付法人也。據曉師奏表，謂文璨大師，妙鉤經律，深通密藏，尚佛法之流轉，歎生民之可拔。授我以金剛大法，許我以阿闍梨位云云。曉師嘗出尊像，請問本師，述其所感見。琛師大為讚嘆，知因緣所在，即於是年十二月，在栖靈寺大悲持念院，授以大元帥法。據曉師奏表云：幸賴國家之大造，大師之慈悲，得學金剛界瑜伽，修習大元帥秘法。斯法也，則如來之肝心，眾生之父母。於國城壍，於人筋脈。是大元帥者，都內不傳於十供奉以外。諸州無出於節度使宅，以表緣其靈驗不可思議云云。是法東行，遂成彼處鎮國法寶。詔敕每年後七日，宮中請十五眾御修法，疊著神驗。新羅海賊，外侮相侵，皆賴法驗，俱得平伏。又於齊衡三年，春。天大旱，全國騷然。詔曉師，於神泉院祈雨。時，見真龍白旛，出現壇上，甘雨旋降，民困頓蘇。儀軌云：若有國王歸元帥，即領一切將軍眾，消伏隣王怨敵事，國內無諸疫疾苦，可見護國庇民之威力，捨太元其誰與歸乎？但本經有云：此大神咒，應付賢德平等有智之善人，不爾自損之語。願我同人，得此咒法者，奮龍象力，負荷羣生。庶幾諸佛菩薩明王金剛，皆大歡喜也。

金剛乘末資乙真居士謹誌

〈太元法傳授之弁言〉

大元帥明王供養念誦法者，事理圓備，儀軌縝密，印咒微妙，觀法精純。授者須詳細演講，學者須悉心研究，方能畧領其中奥妙。欲修習者，必要堅持戒律，離欲清淨，行菩薩道，發菩提心，晝夜六時，精誠祈禱。如是行持，方能感格佛天，瑜伽相應，息災增益，護法降魔。蓋此法有轉移造化之功，旋乾轉坤之力，所以釋尊入滅，慇懃囑付於後賢。元帥悲心，誓願扶持於末刼，此誠秘密教中之秘密法也。不慧受法歸來，於民廿一年，將本法謄錄一過。丙子初夏，蒙佛天默示，將此法公開傳受。是以再復研求秘奧，歷數十日，成書三冊。第一冊，節引本經之原起，及甘露之大咒。今將此冊先為傳受，俾同人先期習熟。既知是法之因緣，復滿誦讀之遍數。然後再傳第二冊供養次第，詳解印、明、壇法、諸般事相。第三冊，則本法學理之研究，諸師秘密之傳承。三種既明，便可入壇行道。良哉！千載失傳之秘法，今復歸來，謹書始末，以誌殊勝因緣。末法羣生，咸沾利樂。伏願

以此傳法功德回向三寶願海　回向佛法久住利益人天

回向萬類含靈同登覺岸　回向一切神祇增加威光

回向歷代祖師圓滿福智　回向權田先師萬德莊嚴

回向天下法界平等利益　回向無上正等正覺菩提

民國廿五年歲次丙子六月初七女林六週紀念日　乙真居士祈願

秋。師增訂《藥師留離光如來消災除難念誦儀軌》並刊印傳授。

十一月十七日。為林友郭定理居士於九龍城之是岸禪院佛像編撰《普賢菩薩開眼作法》。

十二月五日，農曆十月廿二日。為林友歐陽藻裳新翁之慶作婚禮祈禱典禮及演講。

講辭：我佛世尊應世二千九百五十三年，丙寅十月廿二日乃係我真言宗法兄弟歐陽藻裳居士為其哲嗣榮娶吉辰，小弟恭逢慶典，謹與同林兄弟到堂恭賀參與祈禱典禮，一時盛事，慶喜莫名，今於未行祈禱之先，借此良機把佛理發揮幾句，一以為新人頌祝，且為同人互相勸勉。夫佛法者，謂實際地，理不受一塵云云，佛事門中不捨一法，故佛法實包括一切。何謂世間法？謂吾人入此世間已，挾因果以俱來，故此對於身、對於家、於國、於社會、對於物，莫不皆有條理。倘破壞其條理，即為擾亂人類之職責。故凡頂天立地所以謂人者，必有其格式，其式為何，即所謂五戒十善之道，為公眾所共守者也。佛家之五戒，不殊聖儒之五常，不殺人等等等。至於十善由為希賢希聖之初基，本五戒十善以存心，對於身則為完全人格，對於國則為良好國民。倘能身體力行於一家而家齊，於一國而國治，於天下而天下平。為聖為賢，成佛作祖，以至莊嚴淨土，教化眾生，莫不皆從五戒十善為地基也。如萬丈高樓皆從此堅固地而起也。故經云，孝養父母，奉事師長，慈心不殺，受持三皈，具足五戒，不犯威儀功德行者，此是三世過現未來諸佛正因。反是，則五惡十惡，為人中敗類，未得謂之人類。為社會之蟊賊，生則備受五痛五燒之苦，沒則入三途四趣之災。《無量壽經》云，此所謂種瓜得瓜，種豆得豆，是因是果，事理昭然也。因果之理，世人未嘗不知，可惜為私慾所蔽，習氣難除，遂至流歸惡道，若非時時勤修戒定慧之學以息滅貪嗔癡念頭，則無以返本還原也。此為吾人該朝乾夕惕者也，互相勸勵也。今日藻裳兄為其哲嗣榮娶，亦未入世間法之一事也。吾人既入此子女旋渦，則婚娶事情必經此階段，但藻裳兄今日為辦理喜事與世俗亦微有不同。藻裳平日行芳志潔，勇力公益，久為社會所共見，無勞不慧之表述，最難得者深信因果，皈依佛乘。於世間百忙之中仍能勤修三無漏學，今日舉行喜酌，戒殺免葷，本佛法大慈大悲之念，恩及禽獸，實是難能可貴之舉也。今舉世競言平等自由矣，倘以我己之喜事，戳殺生命千數萬，少數人快一時之口腹，今衆生受剝皮炮割，死轉於刀砧之上，痛無量，不平等，孰甚？不自由，孰甚？且戒殺為萬善先賢種種功德，從仁愛而起，一切衆生皆有母子夫婦之愛，其性與人相同。今為此讌會之喜而種無窮寃債，諒非仁人智士之用心也。古語云：「欲知世上刀兵刼，但聽屠門夜半聲。」我中華數年以來，戰事綿綿，以人命為兒戲。雖曰政見不同，亦未嘗不因殺生惡果已熟使然。倘人人能持五戒，修十善，則天下自然昇平矣。故今日藻裳兄此舉直可作提倡世界和平之舉亦無不可也。世兄夙承庭訓，女士品學兼優，於立身處世之道，諒必深知卓識。但佛經裏有幾句話頭頗為緊要，必須了了分明，則處世自當無碍，即所謂「欲知前世因，今生受者是。欲知後世果，今生作者是。」此為今日，孰為我父母叔伯兄弟姊妹翁姑夫婦，他日孰為我子女，親屬妯娌兒孫，其環境或順遂，快樂無窮。或有時未盡如我意者，此皆由新舊因果自造自受使然也。此如我修德行仁，行芳志潔，以善惡之報，實感吉祥美滿之果。所謂「惠迪吉，從逆凶」咁影響此乃近因，固人之所易知。倘盡我之能力，勉為善業，而環境惡事，紛至沓來，此由過去生中所惡業，其果今世恰熟，雖有智者遇之，亦無可逃遁，惟有安忍順受，所謂達人知命而已，惟佛法有勝方便以釋之，所謂一切諸法從因緣而生，若從因緣之理，展轉推至其源，則本來是不生際。所以謂之「善惡本空由心懺，心若滅時罪亦忘」也，此所謂理懺法也。而有事焉，事者，吾人若處順境時，須知此境從作善得來，該更勉力精進，至於至善。若處逆境，則要省察身心，諸惡莫作，眾善奉行。更宜端身正念，對佛菩薩諸護法金剛天發露懺悔。宿愆身心口三業相應，精誠祈禱，摒除一切邪魔外道之迷信。藉佛菩薩萬德莊嚴，三密加持之力，消我歷劫之寃愆。如是事理雙融，則其力有不可思議者，所謂化寃家而為之。又謂「定業不可轉」云云。須知佛力不可思議，吾人心力亦不可思議，若不運用淨菩提心而祈禱者，則與愚痴迷信神權者何有別乎？今日舉行祈福典禮，固藉金光明佛菩薩及尊勝陀羅尼之力以加持。然亦以我等自淨信心，戒殺功德之力感應也。香花供養佛，大眾同祈禱。

一九三七年丁丑歲　六十六歲

一月一日。元旦。主持女居士林傳戒暨灌頂法會，是日傳授三昧耶戒。

一月二日。一連兩日傳授第四期胎藏界灌頂，共廿九人受灌。

一月三日。一連兩天作第三期金剛界灌頂，共三十四名弟子入壇受灌。

春。食饅頭傷及喉部。

二月廿八日，農曆正月十八日。預知時至，吩咐弟子念佛修法。

三月一日。凌晨丑時於香港佛教真言宗居士林示寂，世壽六十六歲。

三月一日。於居士林設靈。張師母隨即編輯《黎乙真大阿闍梨赴告》。請得紳商何甘棠題字，陸灼文居士撰書像贊。其贊云：「有超出一切之思想，斯有普度眾生之意向。其於自處也則澹泊明志；其於社會也則當仁不讓，是菩薩心腸，是慈悲現相。不滅精神，永茲瞻望。」言簡意賅，實對祖師最貼切之寫照。

三月二日。英皇加冕，本港商界組成「加冕典禮會景巡遊等委會」師為大會委員之一。是日大會舉行會議，主席何甘棠開會前，帶領各委員為師之離世靜默五分鐘，以示哀念。又兩林邀得工學士譚向成居士設計祖師墓塔。

三月三日。發引，奉葬於香港仔華人永遠墳場。

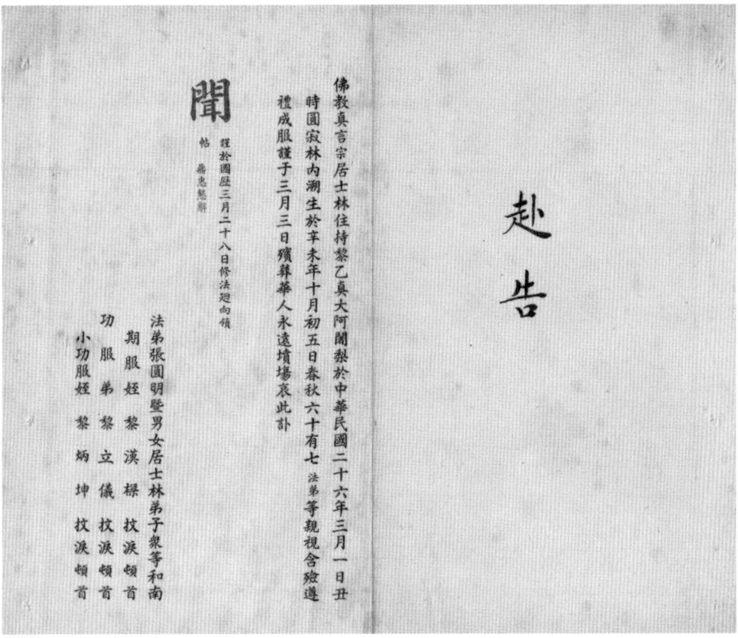

赴告

佛教真言宗居士林住持黎乙真大阿闍梨於中華民國二十六年三月一日丑時圓寂林內溯生於辛未年十月初五日春秋六十有七法弟等親視含殮遵禮成服謹于三月三日殯葬華人永遠墳場哀此訃

聞

謹於國歷三月二十八日修法迴向領

帖　鼎惠懇辭

法弟張圓明暨男女居士林弟子衆等和南

期服姪　黎漢樑　抆淚頓首

功服弟　黎立儀　抆淚頓首

小功服姪　黎炳坤　抆淚頓首

◆《黎乙真大阿闍梨赴告》

◆ 香港佛教真言宗居士林為黎大阿闍梨設靈

◆ 黎大阿闍梨出殯情況

◆ 黎大阿闍梨出殯情況

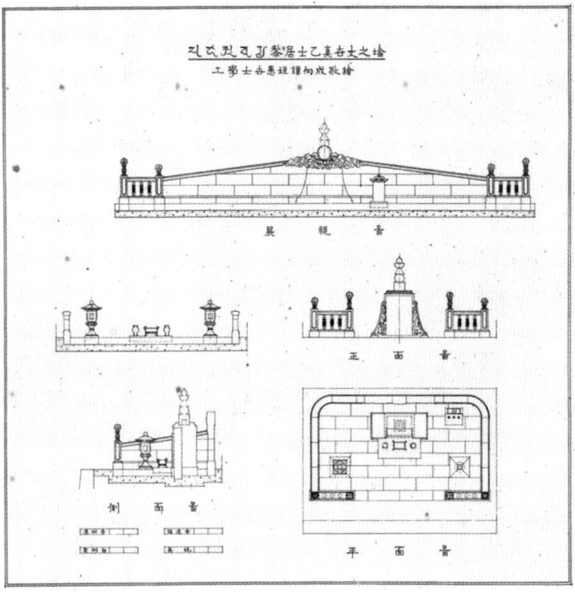

◆ 墓地設計圖

三月六日。兩林重印《放生儀軌》三百本，回向祖師。

三月六日。張師母率領兩居士林弟子修持《理趣經法》七天，奉報師恩，上表宣疏。

又刊印《般若波羅蜜多理趣經念誦儀》二百本，供弟子讀誦受持。

〈奉報師恩功德法事表文〉

伏以

佛力加持頓入毗盧性海；真言觀念同登阿字法門。恭燃海國名香，上達金剛法界。茲有娑婆世界南贍部洲大中華民國南部海濱香港埠佛教真言宗男女居士林弟子張圓明暨同兩林弟子眾等敬爲奉　佛設供修法，祈禱奉報　師恩功德法事。謹於是日開壇，肅具表文上白真言教主三世常住淨妙法身摩訶毗盧遮那如來；兩部界會諸尊聖眾；金剛般若波羅密多經中諸佛諸尊諸大菩薩；盡十方遍法界重重無盡三寶座前。竊維鞠育劬勞，生我深恩為父母；導迷返覺，續吾慧命藉良師。故修三福為淨業之正因，報四恩乃行人之事業。玆有黎大阿闍梨乙真居士者，真言宗第四十九代祖也。慧根夙具，十三齡即虔誦真言，內學潛修，四十載以弘敷教典。博覲三藏，明達各宗，法傳根來之山，杯渡扶桑之島。入　權田之丈室，密印師承；登　金胎之曼荼，法王印可。施資財而供眾侶，捨家庭以作道場，說法傳經，開人天眼，使失傳之祖印，中土重興，令已絕之密言，香江流布。振遮那之慧業，吾人久仰若高山，奮龍象之精神，諸佛亦為之微笑者也。方冀得享期頤之壽，兩部傳燈何期。僅居杖國之年，一朝圓寂，弟子等五中慘怛，悲痛莫名，如舟行而失却柁師，若嬰孩之喪乎父母。悲法燈之焰熄，痛慧日之雲遮。雙樹菩提，尚且淚下如雨；兩門桃李，能不愴地呼天乎？竊維圖報　師恩，須作法施而回向；欲酬大德，用特上叩於空王。是以忍痛開壇，含悲禮懺，追蹤神護，禮誦般若之金經，效法青龍奉修理趣之妙法。贖延生靈之命，印施經偈之文，七日輪誠，逢旬祈禱，合優婆塞、優婆夷之二眾，供水塗花香食燈之六般，瓶簪彩雀之花盤，奉紅橙之果，香焚沉乳，水灑楊枝。上奉

兩界慈尊，供養十方賢聖。逼逼微願誠，懇懇虔求仰，願三密加持，六通拔濟，令本師消除細惑，福慧莊嚴，增法樂而證果菩提，現威光而兮身塵剎，降魔顯正，轉大法輪，普度娑婆，圓滿善願。弟子等誓除惡法，誓渡群生，我誓修行，如師教誨。以此微意，奉報

佛恩。仰祈三寶證明，天龍昭鑒。誠惶誠恐，百拜頂禮。恭望鴻慈，俯垂洞鑒。

時維

中華民國二十六年三月六日開壇修法回向文表具呈

三月廿一日。三虞祭期，兩林舉行上供作法儀式。並奉唱黃繩曾居士所撰〈本師讚〉：

黎阿闍梨乙真師　大事因緣來娑婆　弱冠即奉能仁教　壯歲遙傳秘密宗
現居士身而說法　三千弟子遍南贍　捨資饒益眾有情　化家門為道場所
利生弘法四十年　捨報安詳歸淨域　如師教誨誓修行　是故我今頭面禮
願諸世界常安穩　無邊福智益群生　所有罪障并消除　遠離眾苦歸圓寂
恒用戒香塗瑩體　常持定服以資身　波之妙法遍莊嚴　隨所處處常安樂

三月廿八日。居士林修法回向祖師福智圓滿，即證無上正等正覺。

六月六日。祖師圓寂百日之期，張師母率領兩居士林弟子設供奉佛，修法上表，回向

本師蓮生上品，成等正覺。

〈本師圓寂百日功德法事表文〉

伏以

淨土唯心，瑜伽現樹林風鳥；彌陀護念，修持證上品金臺。恭燃海國名香，

上達蓮華藏界。茲有

娑婆世界南贍部洲，中華民國南部海濱香港埠，佛教真言宗男女居士林弟子

張圓明暨同兩林弟子眾等，敬為奉

佛設供，修法祈禱，回向　本師功德法事。謹於中華民國二十六年六月六日，虔具香花淨品，結界開壇，肅具表文上白：

真言教主三世常住淨妙法身摩訶毘盧遮那如來；兩部界會諸尊聖眾；本尊大聖樂邦化主無量壽佛、觀音、勢至諸大薩埵、極樂淨土無量聖賢；蓮花部中諸佛菩薩；外金剛部諸大威德天等；盡十方遍法界無量一切三寶座前。竊維

佛力宏施，開覺蓮而授記無生法忍；師恩浩蕩，續慧命而攝入兩部曼荼。非藉　佛力之加持，曷報　師恩於罔極，原夫　黎大阿闍梨上乙下真居士者，固真言宗第四十九代祖，而居士林之開林本師也。皈依三寶於髫齡，力行六度於壯歲，法施廣被，梵行清高，願自未度而我先度他，視人有溺猶己之溺。彼方冀

纂承法乳，長獲提攜，何期遽捨塵勞，竟歸安養。弟子等如盲龜之泛海，失片木之扶持，瞻顧徬徨，中情悲慟，今者光陰荏苒，已屆圓寂百日之期；日月遷流，難竟哀慕無時之痛。是以法壇則建依三密，身命則贖於諸靈。共掬誠心，敷陳淨品，供養蓮邦聖眾，虔奉法界慈尊。區區微念，懇懇祈求，上報

佛德　師恩，下濟生靈異類。伏願

列聖哀憐。彌陀護念，放白毫而朗照；垂金手以扶持。令本師證上品而悟無生，增法樂而成正覺。分身塵剎，顯正降魔，轉大法輪，圓滿善願。更願災殃早息，眾生無寃障之侵；國界安寧，黎庶享和平之福。人持五戒，教啟三乘。密宗廣布於環球，佛法流行於四海。兩林吉慶，二利圓成，善友雲來，法財具足，人人神通智辯，得成佛果於即身，個個悉地早圓，永劫扶持於正

法。弟子等誓報洪恩之罔極，誓渡眾生於無窮。伏祈
佛聖證明，天龍昭鑒。誠惶誠恐，百拜頂禮。恭望鴻慈，俯垂洞鑒。
時維
中華民國二十六年六月六日修法回向文表具呈

居士林弟子帥銘初「敬為乙真黎大阿闍梨錄《心經》一通，願福智圓滿，永生淨境。龍華會首，承軌悟聖。」

一九三八年戊寅歲　冥壽六十七歲

三月一日。師圓寂一週年，日本真言宗豊山派總本山之大司教加滕精神大僧正、杉本良智僧正、加滕章一僧正親身蒞港，入林主持「黎乙真大阿闍梨小祥忌辰法要次第」，

並由加勝大司教唱讀表白（日文）：

敬真言教主大日如來、金剛胎藏兩部界會、殊般若理趣甚深妙典、金剛薩埵

慾觸愛慢、弘法大師遍照金剛、三國傳燈諸大烈祖、總佛眼所照一切三寶境

界。白言：

夫《般若理趣經》即身成佛徑路，頓證菩提直道。初中後善，文義逸眾經，

一十七段，利益普群迷，被色聲香味境界，悉菩薩位地到，慾觸愛慢煩惱

還，常住果德備。是故受持讀誦人，永一切惡趣越，修習思惟輩，速萬德善

果，證功德至甚深，利益豈唐捐。

伏惟香港真言宗居士林開祖，兩部灌頂大阿闍梨耶黎乙真和上，賦性溫厚，

仁慈宏量，夙三寶歸，深密教崇。中華民國十三年，會權田雷斧大僧正潮州

黎乙真大阿闍梨耶小祥忌辰追悼會
表白
敬テ真言教主大日如來金剛胎藏兩部界會
珠ニハ般若理趣甚深妙典金剛薩埵慾觸愛
慢、弘法大師遍照金剛三國傳燈諸大烈祖總
シテハ佛眼所照ノ一切三寶ノ境界ニ白シテ言サク
夫般若理趣經ハ即身成佛ノ徑路顯證菩提ノ直
道ニシテ初中後ノ善ノ文義遙ニ衆經ニ超エ一十
七段ノ利益普ク群迷ニ被ル色聲香味ノ境界ハ悉
ク菩薩ノ位地ニ到リ慾觸愛慢ノ煩惱還テ常
住ノ果德ヲ備ハル是ノ故ニ受持讀誦ノ人ハ永ク一
切ノ惡趣ヲ越エ修習思惟ノ輩ハ速ニ萬德ノ善
果ヲ證ス功德至テ甚深ナリ利益豈ニ唐捐ナランヤ
伏シテ惟レバ香港真言宗居林祖兩部灌頂大阿闍梨
耶黎乙真和上ハ賦性溫厚ニシテ仁慈宏量ナリ
夙ニ三寶ニ歸シテ深ク密教ヲ崇ム中華民國十
三年會權田雷斧大僧正ノ潮州ニ巡錫セラルヽヲ聞
キ大ニ隨喜シテ之ヲ香港ニ屈請シ三昧耶戒壇ニ入
リテ結緣灌頂ノ法水ニ沐ス翌年五月遠ク日本ニ渡
リテ高野山ノ祖廟ヲ拜シ又權田大僧正ニ隨ヒ根來
山ニ於テ傳流ノ加行ヲ成滿シ遂ニ金胎兩部ノ傳法
灌頂壇ニ入リテ兩部傳法大阿闍梨耶ノ職位ヲ得タリ是ニ
於テ權田大僧正自ラ披ル所ノ福田衣ヲ解テ親シク大
阿闍梨ニ授ケテ傳法了畢ノ信ト爲ス且ツ囑スルニ中
華密教ノ重興、法乳反哺ノ素懷ヲ以テセラル大阿
闍梨歸國以來專ラ中國密教ノ重光ヲ念トシ
以テ大僧正ノ付囑ニ酬イント欲ス茲ニ大檀越胡禧
堂・蔡功譜二公ノ贊襄ヲ得テ民國十五年四月香
港銅鑼灣光明臺上ニ男居士林ヲ創建シ十九年
七月更ニ女居士林ヲ創立ス竟ニ家門ヲ化シテ密教
ノ道場ト爲ス兩林ノ緇素雲ノ如クニ集リ灌頂ヲ受
クル者凡ソ一千有餘人ニ達ス法燈界ニ滿チ波及域ニ遍
シ大阿闍梨ノ重興密教ノ本懷是ニ於テ殆ト滿ツ。
冀フ所ハ時々椿葉ヲ攀ヂ數々仙桃ノ實ノミコトヲ嘗メ
圖ランヤ去年三月一日忽然沐浴シテ榻上ニ趺坐シ印ヲ
結ヒ呪ヲ誦ジテ奄然トシテ示寂セラレントハ嗚呼哀哉
然リト雖モ大阿闍梨尊靈月鏡ヲ心蓮ニ觀シテ妄
心ヲ智火ニ燒キ不生ヲ一阿ニ證シ五智ヲ鑁水ニ得タ
リ我即金剛我即法界三等ノ真言加持ノ故ニ即身
ノ成佛即心ノ曼荼ナリ大阿闍梨久シク已ニ此ノ
義ヲ達セリ今吾曹之ヲ說クモノ蓋シ是レ曼荼
羅海會共榮新道ノ境界ノミ
今ヤ日支事變久シク結ボレテ未ダ解ケズ東亞ノ平和
未ダ何ノ日ヲカ期セン然モ法ニ本ヨリ東西ナシ信ニ何ソ
國境アランヤ我新義真言宗豐山派管長大司
教大僧正杉本良譽猊下時ニ大阿闍梨ノ中華
密教重光ノ芳勲ヲ追念シ吾道ノ爲ニ囑スルニ今月今
日ノ小祥忌辰ニ當リ親シク大阿闍梨ノ廟前ニ臨ミテ哀
悼廻向スベキヲ以テス茲ニ於テ貧道等一行三名恭シク
六種ノ妙供ヲ奠シ謹テ般若理趣ノ秘法ヲ嚴修シ並ニ
真言宗全書一部四十三冊　歐文真言宗讀本一部一冊
弘法大師三教指歸譯註一部一冊
ヲ供ヘ大阿闍梨尊靈廻向菩提ノ淨業ニ資ス
仰キ冀クハ此ノ勝緣ニ藉テ本尊ニ歸永シ法界ニ遊
戲シテ秘教ヲ弘傳シ二利圓滿シテ三身現證センコトヲ
又願クハ大阿闍梨耶尊靈大悲利生ノ本誓ヲ顧ミ
テ速ニ東亞ノ平和ヲ克復シ大寂定中ニ悲愍ヲ垂
レテ早ク人類ヲ塗炭ニ拔濟セラレンコトヲ然レバ則
無明黑暗ノ鄉妄執修羅ノ巷同ク一味ノ醍醐ニ
飽キ齊ク三點ノ覺苑ニ遊バン 若然ラバ淨菩
提心ノ珠ハ清光ヲ十六生ノ後ニ添ヘ一等覺無垢ノ月ハ
圓耀ヲ三五夜ノ秋ニ伴ハン乃至法界平等利益
維時民國二十七年三月一日
大日本帝國新義真言宗豐山派前管長
大司教大僧正加藤精神等一行　敬白

◆《黎乙真大阿闍梨耶小祥忌表白》

巡錫，聞大隨喜之香港，屈請三昧耶戒壇入，結緣灌頂法水沐。翌年五月，遠日本渡高野山祖廟拜，又權田大僧正隨根來山於傳流，加行成滿，遂金胎兩部傳法灌頂壇入，兩部傳法大阿闍梨耶職位得。是於權田大僧正自披所福田衣解親大阿闍梨「授傳法了畢，信為且囑中華密教重興，法乳及哺素懷。」以大阿闍梨歸國以來，專中國密教重光念，以大僧正付囑酬欲。茲大檀越胡禧堂、蔡功譜二公贊襄，得民國十五年二月，香港銅鑼灣光明臺上男居士林創建。十九年七月，更女居士林創立，竟家門化密教道場。為爾來緇素雲如，集灌頂受者凡一千有餘人達，法燈界滿流派域遍，大阿闍梨重興密教本懷是於殆滿，冀所時椿葉攀，數仙桃嘗。豈圖去年三月一日，忽然沐浴，榻上趺坐，印結呪誦，奄然示寂。嗚呼哀哉！然雖大阿闍梨尊靈，月鏡心蓮觀，妄心智火燒，不生一阿證，五智鍐水得。我即金剛，我即法界，三等真言加持，故即身成佛，即心曼荼，大阿闍梨久已此義解，今吾重之說，蓋是曼荼羅海會，共陳斯道境界……

今日支事變，久結未解，東亞平和。果何日期？然法本東西，信何國境。

我新義真言宗豊山派管長，大司教大僧正杉本亮譽猊下，特大阿闍梨，中華密教重光芳勳追念，貧道等囑今月今日，小祥忌辰，當親大阿闍梨，廟前臨哀悼迴向，以茲於貧道等一行三名，恭六種妙供奠，謹〈般若理趣秘法〉嚴修，並《真言宗全書》一部四十二冊、《歐文真言宗讀本》一部一冊、弘法大師《三教指歸譯註》一部一冊

供大阿闍梨尊靈，迴向菩提淨業資。仰冀此勝緣，籍本尊歸承法界遊戲，秘

教弘傳，二利圓滿，三身現證。又願大阿闍梨耶尊靈大悲利生，本誓顧速，東亞平和克復。大寂定中悲愍，垂早人類塗炭拔濟，然則無明黑暗鄉，妄執修羅巷同，一味醍醐，飽齊三點，覺苑遊若然，淨菩提心珠清光，十六生後添等覺，無垢月圓耀三，五夜秋伴，乃至法界平等利益。

維時民國二十七年三月一日

大日本帝國新義真言宗豊山派前管長

大司教大僧正加藤精神等一行敬白

三月廿日，農曆二月十九日，觀音誕。張師父印送《觀世音菩薩集經六種》二百本，回向祖師蓮位崇增，即成正覺。

一九四零年庚辰歲　冥壽六十九歲

十一月四日，農曆十月初五日。祖師七秩冥壽（虛歲），雨林助印《釋迦如來供養念誦法次第》一佰本，回向祖師。

一九六七年丁未歲　冥壽九十六歲

屯門之佛教青山學校重修興建禮堂，立碑紀念。碑云：「……青山佛教學校所以創建也，溯青山寺住持顯奇老和尚，荷黎乙真居士捐地倡建校舍，旨在培育當地學童，歷三十餘載成績斐然……」以感念祖師助學之功，長年惠澤學童。

一九七零年庚戌歲　冥歲一百歲

十一月三日，農曆十月初五日。喜逢祖師百年冥壽，雨林舉行法會，設供上表。又刊行《黎阿闍梨乙真居士降生百週年紀念會刊》，邀得胡百全、胡百富、王學智、商靜波諸大德題撰賀文。

◆ 黎大阿闍梨降生百週年慶典

周塵覺中教正宣讀祭文
第一行右起：何伯熙、麥錦麟、周塵覺中校正、馮聘逑、陳麗如

《黎祖師降生百週年祭文》

維

釋尊垂蹟二千五百一十四年，歲次庚戌十月初五日。欣逢

黎大阿闍梨上乙下真先師嶽降百秩之辰。弟子眾等，謹獻香花清供而敬祝曰

外教收陳　頻婆掩唱　輪轉有空　覺融性相

薩埵啟塔　耀彼南天　兩部大法　不宣而宣

仰維我師　祖述雷斧　秘密傳承　傾誠復古

招邀善侶　湧現兩林　篳路藍縷　見聞輸心

四十四年　濟濟有眾　水峙山流　巍然法棟

我師行善　藐得其儔　救災解難　功誰與侔

馬場祝融　肆虐罕有　神咒加持　復甦梁友
微軍請助　青山梵宮　至今遺澤　十里杉松
興學首倡　女子職業　薪盡火傳　開枝散葉
十八道解　縷析條分　豈謂失學　遂不能文
碩學雲來　預言在耳　今我見之　師言驗矣
百年壽慶　冠冕趨蹌　君蒿悽愴　師教常光
尚饗

佛教真言宗居士林弟子眾等和南謹祝

一九八一年辛酉歲　冥歲一百零一歲

夏。青山佛教學校擴建校舍，香港佛教真言宗居士林并女居士林以黎、張兩大阿闍梨名義捐款一仟元，支持教育發展。

二零二一年辛丑歲　冥歲一百五十歲

七月二日。敬為紀念創林祖師黎大阿闍梨及張阿闍梨降生一百五十年，真言宗居士特發起一百五十天奉修三百座事業，回報祖師恩德。

十一月二十八日「黎、張兩大阿闍梨降生一百五十年奉修事業」圓滿，修持〈大日如供養法結願法要〉，並上表文：

一誠上達

伏以

三密加持，能轉千生之宿業；

諸尊護念，速成五願之祈求。

謹竭懇篤之誠

恭叩大雄之座

茲有　娑婆世界南瞻部州，中國南部海濱香港埠

銅鑼灣大坑道九號至九號A為

香港佛教真言宗男女兩居士林，弘法道場。

適逢今秋十月初五及翌年壬寅二月初四，為

始祖師　黎大阿闍梨乙真居士、張大阿闍梨圓明居士

降生一百五十年紀念之日，弟子俊谷，才疏孤陋，未知以何為報。羞愧交

併，惟集兩林仝人，據史所記，憑鑑手稿文物，按年編排，輯成《兩祖年

譜》，冀普為廣傳，以懷緬祖師，恩深德厚，並開茲後學。

復修祖師供養佛像、手稿等珍寶文物，以垂千古。

重印並擬一畫廿一座加持〈大灌頂光真言曼荼羅〉，與法界眾生締結法緣，

共入毘盧性海。

更為迎居士林創林百載之慶，特復刻重刊，黎大阿闍梨親書之悉曇體〈大隨

求陀羅尼〉，隨緣傳授，

擬辦事相研習班、講習會、展覽等，

以續吾祖重興密教之宏志。

唯障緣熾盛，非敬求三密加持之力，恐難成道業。

謹於　辛丑年五月廿三日開白，至十月廿四日結願。

集兩林弟子，奉修居士林所傳密法，定期一百五十日奉修三百座，以奉報

黎、張兩祖師之恩德，並冀加持兩祖紀念事業，無礙成就。蒙

諸佛大慈、菩薩大悲、龍天護持。年譜編輯，歷時十月，預定冬至時分刊

成。集三十二弟子奉修二十七秘法，合九百七十九座成滿，是日結願。再祈

餘下各項事業，無礙成就　特虔修

〈大日如來供養法〉，肅具表文　頂禮上白

真言教主、三世常住、淨妙法身　摩訶毘盧遮那如來

金剛界會三十七尊、九會曼荼羅諸尊聖衆　並

大悲胎藏八葉蓮臺十三大院塵刹聖衆

本尊界會　摩訶毘盧遮那如來座前。竊維

樹真言之法幢於香江，導群萌而入三密門者，為吾祖師

上乙下真　黎大阿闍梨也。大阿闍梨耶，生而穎悟，賦性温厚，仁慈宏量，清超拔俗。夙歸三寶，深崇密教，研習內典，松風水月未足比其清華。於中華民國十三年，欣聞　真言密教宗匠　權田雷斧大僧正猊下，巡錫華南，殷切求法，屈請猊下移錫來港，開三昧耶戒壇，賜結緣灌頂法水。翌年五月，以天命之年，遠渡日本，登高野山，禮拜祖廟。又隨

權田猊下，於根來山嚴修傳流加行成滿，遂入金、胎兩部傳法灌頂壇。繼紹大傳法院流四十九代傳燈大阿闍梨耶之職位。復得　權田大僧正自解所披福田衣，親授大阿闍梨。傳法了畢，信為且囑，以重興中華密教，法乳反哺為素懷。

大阿闍梨歸國以來，專念中國密教重光，民國十五年創居士林。十九年助夫人

上圓下明張大阿闍梨創立女居士林。

張大阿闍梨，德重於文，獨於經藉，端莊凝重，仙露明珠詎能方其朗潤。因嬪黎大阿闍梨而聞佛法，為求真言教法，數度閉關，修持精進，晉職阿闍梨，獲權田大僧正贈袈裟為印可。

兩祖化家門為道場，同興密教，建胎、金輪壇，教化衆生，成就善業。弟子三千，遍佈南贍。

重興密教之事業方始，豈圖民國二十六年三月一日，黎大阿闍梨，沐浴淨身，榻上趺坐，結印誦呪，奄然示寂，嗚呼哀哉！然大阿闍梨，月鏡心蓮觀，妄心智火燒，不生一阿證五智鑁水，得我即金剛，我即法界三等，真言加持故，即身成佛，即心曼荼。遺教法秘儀多部。

伊始　張大阿闍梨，鐵肩一擔，率兩林法侶，守護重興，竭力護持密教，弗令隳失。十載歲月，獨力教化，備極賢勞。至民國三十七年，彌陀誕後，一月九日晚，與弟子商討林務，談笑如常，未幾坐脱示寂。

由斯因緣，令現前弟子衆等，得享

兩祖師之洪恩與福澤。惜我等之貪、瞋、愚癡，煩惱熾盛，怠惰驕慢，年年虛度，未思進取，還作修羅。

是以

今辰沙門俊谷，恭對佛前，至心懺悔，並承師之誨，與兩林林眾奉修供養秘儀，至誠誦經持明。惟祈

佛法久住，利益人天。密教興隆，道場吉慶，雲來善侶，密宗振興。以祈普報四恩，圓滿二利。宗風大闡，密日光輝。一切眾生、兩林法侶，並眷屬等，福壽增長、康強安樂。慧學精湛，興法利人，擁護兩林，同興密教。又以此功德迴向祖師　黎、張兩大阿闍梨，於常寂光中，護持兩林，提攜後學，福利群生。再祈

佛力加持，新冠病毒退散，疫苗防禦效顯。疫情早日止息，人民安居樂業。

仰仗

本尊大日，不違本誓，以生佛不二之蓋，覆護眾生；

吉祥清淨，滅罪得福，驅除難伏之鬼魅，滅盡惡業。

斷除一切煩惱，常聞妙法，證得無障礙智三昧及菩提心莊嚴三昧。

重乞

諸大護法聖眾

於疾疫世現為藥草，救療沉痾；

新冠病毒早日息除，停止蔓延。

弟子衆等

誓除三毒，如師教誨誓脩行；

誓護兩林，燈暗復明傳萬代。

兩堂衆信，悉地早成，人民早登袵席之安。

香港安寧，除諸障難，共享法治公義和平之福祉。

仰報聖恩，不違祖訓，伏祈加被，錫我禎祥。誠惶誠恐，不知所云。一片愚

誠，一心頂禮。謹表上白

恭望鴻慈，

府垂洞鑒。

時維

歲次辛丑年十月廿四日結願 奉脩

大日如來供養秘法文表具呈

兩居士林遣送

大和豊山長谷寺

求學沙門俊谷　敬白

為紀念兩祖師，乃重印〈大灌頂光真言曼荼羅〉並修持廿一座加持，定期一日成滿。

另復刻重刊黎大阿闍梨親書之悉曇體〈大隨求陀羅尼〉誦本，隨緣傳授，願與法界眾生締結法緣。

黎大阿闍梨著作

年份	書目
一九二零	《大勢至菩薩念佛圓通章》
一九二二	《樂邦導引》
一九二六	《朝暮勤行法則》 《施餓鬼作法次第》 《密宗豐山派威儀作法集》、《密宗威儀作法集》 《唯我獨尊》
一九二六至三零間	《密宗在家朝暮念誦功課式》
一九二七	《十八道念誦次第》 《密宗胎藏界禮誦儀》 《藥師如來經法之研究》
一九二八	《無量壽如來修觀行供養儀軌》 《聖不動尊御扎守加持法》 《戊辰三月初三修法功德念誦儀》 《藥師留離光如來消災除難念誦儀軌》 《北斗消災延壽經》
一九二九	《超度新華輪船沉溺幽魂念誦儀》

年份	書目
	《七俱胝佛母準提陀羅尼念誦觀行供養儀軌》
	《摩利支天供養念誦法》
	《水天菩薩供養法次第》
	《一字金輪佛頂尊要略念誦法》
一九三零	《新訂放生儀軌法》
	《佛頂尊勝陀羅尼禮誦儀》
	《佛頂尊勝陀羅尼梵漢合璧》
	《佛說能淨一切眼疾陀羅尼經》
	《不動尊供養念誦法次第》〔十八道立〕
	《大日經略示七支念誦隨行法》
一九三一	《十八道念誦次第》〔日本版〕
	《光明真言供養法》
	《大毘盧遮那佛光明真言法七天供所念誦課本》
	《毘盧遮那佛說金剛頂經光明真言儀軌》
一九三二	《十八道念誦次第作法事相》
	《文殊師利菩薩供養念誦法次第》

年份	書目
	《釋迦如來供養念誦法次第》
	《彌勒菩薩供養法之研究》
	《大隨求菩薩念誦法次第》
	《六字洪名觀念法門》
	《靈供作法》
	《兩界畫像開眼作法儀式》
	《作壇略作法念誦次第》
	《不動尊開眼作法儀式》
	《奉佛陞座開眼作法》
一九三二至三四間	《十八道念誦次第略解》（卷一至卷三）
一九三三	《光明真言供養法七天供所念誦課本》
	《文殊師利菩薩開眼作法》
	《佛説觀無量壽經》
	《降三世明王供養念誦法次第》
	《地藏菩薩供養念誦法次第》
	《水月觀世音菩薩供養念誦法》

年份	書目
	《虛空藏菩薩供養念誦法次第》
	《千手千眼觀世音菩薩尊形及手眼之研究》
一九三三至三四間	《不動明王供養念誦法口訣》
一九三四	《靈供作法》［再編］
	《大聖不動明王經法拾要》
	《火葬禮儀》
	《金剛頂瑜伽中發阿耨多羅三藐三菩提心論》
	《般若理趣經供養念誦法次第》
一九三五	《略念誦法行道》、《略念誦法解略》
一九三六	《藥師留離光如來消災除難念誦儀軌》［再印增補］
	《阿吒薄俱元帥大將上佛陀羅尼經修行儀軌節錄》
	《無邊神力甘露大陀羅尼心咒心中心結護神咒》［全書一套三冊．第一冊］
	《太元無邊神力甘露念誦儀》［全書一套三冊．第二冊］
	《太元帥雜釋》［全書一套三冊．第三冊］
年份不詳	《佛理哲學》（胡翼南合著）
	《一印念誦供養法》

年份	書目
	《金剛頂瑜伽三十七尊禮誦儀》
	《入我我入觀字輪觀合本》
	《大悲毘沙門天王念誦儀》
	《毘沙門大天王供養法次第》
	《五戒十善之略義》
	《飭終念誦法》
	《觀世音菩薩集經六種》
	《軍荼利明王供養法次第》
	《開敷華王如來供養法》
	《普賢菩薩供養法》
	《阿彌陀佛供養法》
	《阿閦佛供養法》
	《大日如來供養法》
	《聖觀自在（世音）菩薩供養法》
	《月輪三昧觀》
	《普賢菩薩念誦法常課》

編後語

猶記得在二零二一年二月，歐陽寶都老師提到為紀念黎乙真大阿闍梨及張圓明阿闍梨兩位祖師降生一百五十週年而計劃編製《年譜》，已邀得香港史學會總監鄧家宙博士為主編，隨即準備籌組工作小組並展開工作。轉眼間，編輯工作已到近尾聲，大家正期待《年譜》的面世。

回想最初，由鄧博士引導下，協助籌備小組訂立方向，先從兩林大廈各層的文物入手，搜集各種藏品如法本、卷軸、匾額、信件、相片等，逐一分類及建立存檔系統。初期，因持續發現不同類型的藏品，存檔系統亦因應需要作出調整。由於小組成員對文獻文物缺乏處理經驗，當面對大量又碎雜的物件，自會有種不知從何入手的感覺，但很快就得到指引和解決，我們逐一跟進，工作漸漸上軌道。而且從實踐中體會到小如抽櫃裡的一張紙片，或牆上掛着的書畫匾額等，就像拼圖一樣，每

密嚴佛剎

樣都是還原歷史面貌的部件。繼而大家會為完成原整的「歷史拼圖」而感到歡欣，也會為尚未找到的零碎片段而努力尋找可行的方向。

就在這次「歷史拼圖」的過程中，每件文物都深刻反映着黎、張兩位祖師對信仰堅定的情操，不畏艱辛困難創立居士林，肩負闡揚東密的使命，將身心奉獻予宗教和社會福利事業，令人望而生敬，也加深我們對兩位祖師的認識與景仰。

工作小組經過十個月的努力，從海量的文獻中篩選合適的資料，並經反覆考證及校閱才編入年譜，最終編成完整書稿，交付出版社排印刊行。儘管過程艱辛，卻叫人振奮和期待。

過程中，發現兩位祖師的袈裟及鞋履，以至部分經本手稿、儀軌、紙本文獻等難敵歲月洗禮，遭到不同程度的損壞。加上經歷戰亂及兩林重建等，亦遺失了部份文物及文獻。由於編輯時間趕緊，只能為林內藏品進行簡單整理與保養。有了這次的經驗，無疑增加了

南無阿彌

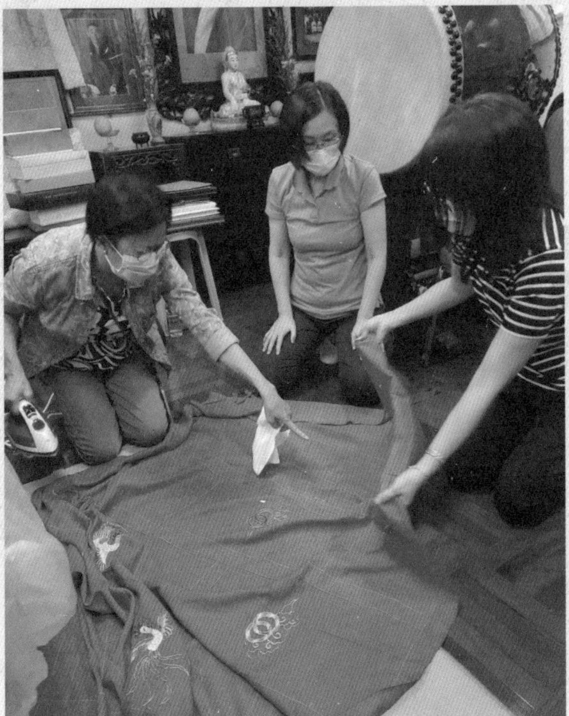

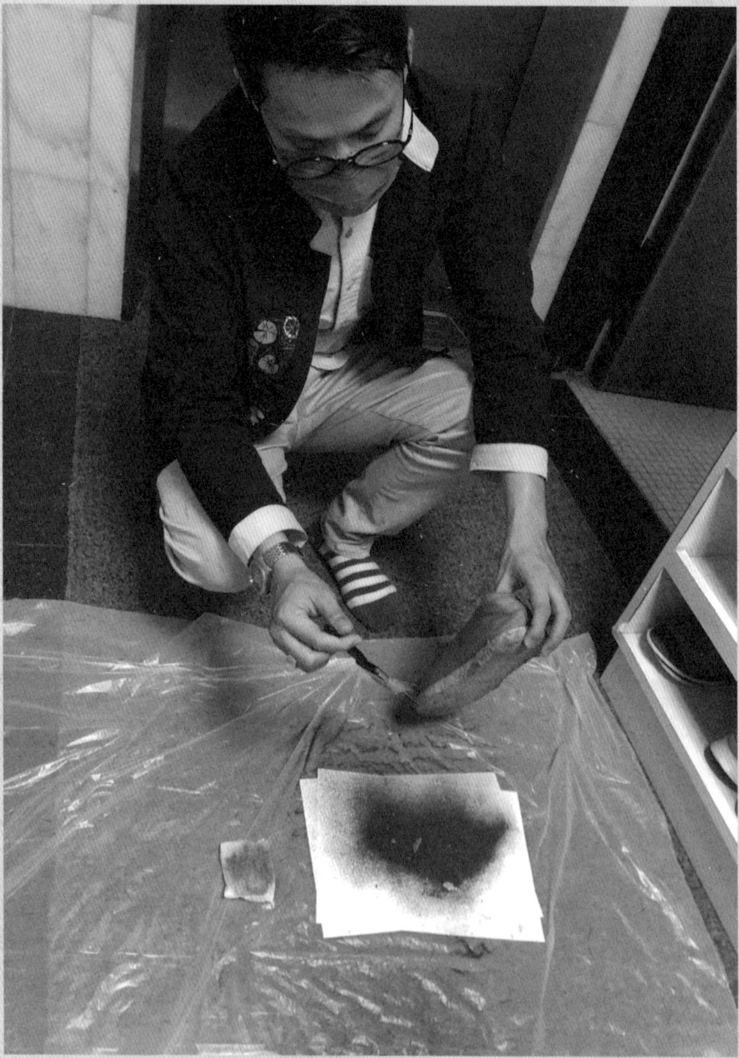

工作小組成員的經驗和信心，在《年譜》出版後，本小組將進行藏品整理及保存等後續工作，並盡力搜尋其他缺漏的資料，以求圓滿兩祖師及兩林之歷史，為二零二六年真言宗居士林百週年的紀念活動和編輯計劃而努力。

《黎乙真大阿闍梨年譜‧張圓明阿闍梨年譜》工作小組組長

冼芷君敬識

二零二一年十一月二十八日

工作小組成員：

監修：香港佛教真言宗居士林主席歐陽寶都

主編：鄧家宙博士

成員：李科仁、卓泳佟、冼芷君、麥國豪、黃佩儀

彭楚芬、曾雲英、曾漢華、廖仲海、鍾妙珠（依姓氏筆劃序）

感恩護持：

香港佛教真言宗居士林董事局　香港佛教真言宗女居士林董事局

司徒洪、余彩霞、翁惠萍、梁子文、鄧秀群、劉少娟、蕭家駒、羅細琼

（依姓氏筆劃序）

參考資料

- 胡翼南著，《胡翼南先生全集》。香港，聚珍書樓，一九一七年。
- 田中文雄、川城孝道編集，《華南巡錫》（復刻版）。日本東京，真言宗豊山派大本山護國寺，二零零九年。
- 《思明縣佛教會會刊》第二輯。福建，思明縣佛教會，民國二十一年。
- 現代仏教情報事典編纂委員會編，《現代仏教情報事典》。日本京都，法藏館，二零零五年十月十五日。
- 陳繼東著，《小栗栖香頂之清末中國體驗：近代日中仏教交流之開端》。日本東京，山喜房佛書林，平成二十八年三月。
- 總本山長谷寺文化財等保存調查委員會編，《豊山長谷寺拾遺・第二輯版本》。
- 林亮勝、坂木正仁著，《長谷寺略史》。日本一九九三年。

- 伊豆宥法編，《新義真言宗大觀》。日本東京，新義真言宗大觀刊行會，大正十年三月。
- 中屋宗壽著，《民衆救済と仏教の歴史》。日本，郁朋社，二零零六年。
- 《真言宗豊山派教化センタI紀要》。日本，真言宗豊山派教化センタI，平成八年。
- 田中海応，岡田契昌編，《豊山全書》。日本東京，豊山全書刊行會，昭和十二年。
- 平岡貞著，《平岡貞自傳》。日本東京，主婦之友出版社，昭和五十年五月。
- 張曼濤主編，《中日佛教關係研究》。台灣，大乘文化出版社，一九七八年。
- 左舜生著，《近代中日關係史綱要》。香港，商務印書館，二零二一年。

● 陳步墀著，黃坤堯編，《繡詩樓集》。香港中文大學出版社，二零零七年。
● 呂建福著，《中國密教史》。中國社會科學出版社，一九九五年。
● 真雄吉祥著，《印度支那密教史》。日本，二松堂書店，昭和四年。
● 大西総治，《鄉土先賢之道芳》。日本，西越村公民館，昭和三十年。
● 鄧家宙著，《香港佛教史》。香港，中華書局，二零一五年。
● 《香港華字日報》、《工商日報》、《工商晚報》、《天光報》、《華僑日報》。

編者簡介

鄧家宙博士

新亞研究所博士，現職香港史學會執行總監，大學講師、《溫暖人間》專欄作者。兼任香港民政事務局博物館諮詢委員會（歷史組）委員、勞工及福利局戰爭紀念撫恤金顧問委員會委員。

資深佛學導師，專注香港史、佛教史、宗教信俗及碑銘研究。編著《香港佛教史》、《香港佛教碑銘彙編：港島、九龍及離島》、《香港華籍名人墓銘集：港島篇》、《菩提葉茂：香江佛門人物志》、《百善義為先：東華義莊一百二十週年紀念簡史》、《佛教律學概要》、《佛教與香港社會發展暨文物調查報告》、《香港地區報：十八區文藝地圖》近二十本專著。曾膺獲第十一屆香港書獎及第二十九屆印藝大獎優秀出版大獎（最佳出版意念）。